Thaise Smaakexplosie

Ontdek de Geheimen van de Thaise Keuken

Nongchai Phanichkul

Inhoudsopgave

Garnalen met lycheesaus 11
Gebakken Garnalen Met Mandarijn 12
Garnalen Met Kalkoenen 13
Garnalen Met Chinese Paddestoelen 14
Gebakken garnalen en erwten 15
Garnalen met mangochutney 16
Gefrituurde garnalenballetjes met uiensaus 17
Mandarijngarnalen met erwten 18
Peking-garnalen 19
Garnalen Met Paprika 20
Geroosterde garnalen met varkensvlees 21
Gebakken garnalen met sherrysaus 22
Gebakken Garnalen Met Sesam 24
Gebakken garnalen met schelpen 25
Gebakken zachte garnalen 26
Garnalen tempura 26
Onder de band 27
Garnalen met tofu 28
Garnalen Met Tomaten 29
Garnalen Met Tomatensaus 30
Garnalen met tomaat en chilisaus 31
Gebakken Garnalen Met Tomatensaus 32
Garnalen Met Groenten 33
Garnalen met waterkastanjes 34
Garnalenwontons 35
Abalone met kip 36
Abalone met asperges 37
Abalone met champignons 39
Abalone met oestersaus 39
Gestoomde mosselen 40
Kokkels met taugé 41
mosselen met gember en knoflook 42

Gebakken mosselen	43
Krabkoekjes	44
Krab crème	45
Chinees krabvlees met bladeren	46
Foo Yung-krab met taugé	47
Gember krab	48
Krab Lo Mein	49
Gebakken krab met varkensvlees	50
Gebakken krabvlees	51
Gebakken inktvisgehaktballetjes	52
Kantonese kreeft	53
Gebakken kreeft	54
Gestoomde kreeft met ham	55
Kreeft met champignons	56
Kreeftstaarten met varkensvlees	57
Gebakken kreeft	58
Kreeft nesten	60
Mosselen in zwarte bonensaus	61
Mosselen met gember	62
Gestoomde mosselen	63
Gebakken oesters	64
Oesters met spek	65
Gebakken oesters met gember	66
Oesters met zwarte bonensaus	67
Sint-Jakobsschelpen met bamboescheuten	68
Sint-jakobsschelpen met ei	69
Sint-jakobsschelpen met broccoli	70
Sint-Jakobsschelpen met gember	72
Sint-Jakobsschelpen met ham	73
Sint-Jakobsschelpen met gemengde kruiden	74
Gebakken mosselen en uien	75
Sint-jakobsschelpen Met Groenten	76
Sint-jakobsschelpen Met Paprika	77
Octopus met taugé	78
Gebakken octopus	79
Octopuspakketten	80

Gefrituurde inktvis 82
Gebakken octopus 83
Octopus met gedroogde paddenstoelen 84
Octopus Met Groenten 85
Gestoofd rundvlees met anijs 86
Rundvlees met asperges 87
Rundvlees met bamboescheuten 88
Rundvlees met bamboescheuten en champignons 88
Chinese rundvleesstoofpot 90
Rundvlees met taugé 91
Rundvlees met broccoli 92
Sesamvlees met broccoli 93
Gegrilde biefstuk 95
Kantonees rundvlees 96
Rundvlees met wortelen 97
Rundvlees met cashewnoten 98
Langzaam gegaard rundvlees 99
Rundvlees met bloemkool 100
Rundvlees met selderij 101
Gebakken Rundvleesplakken Met Selderij 102
Rundvleesplakken met kip en selderij 103
Rundvlees met chilipeper 104
Rundvlees met Chinese kool 106
Rundvleeskotelet Suey 107
Rundvlees met komkommer 108
Beef Chow Mein 109
Komkommer biefstuk 111
Rosbiefcurry 112
Gemarineerde mosselen 113
Gestoomde bamboescheuten 114
Kip Met Komkommers 115
Kip Met Sesam 116
Lychee met gember 117
Kippenvleugels gekookt in rood 118
Krabvlees Met Komkommer 119
gemarineerde champignons 120

Gemarineerde knoflookchampignons 121
Garnalen en Bloemkool 122
Sesamhamsticks 123
Koude tofu 124
Kip Spek 125
Frietjes met kip en banaan 126
Kip met gember en champignons 127
Kip en ham 129
Gegrilde kippenlever 130
Krabballetjes met waterkastanjes 131
Bescheiden bedrag 132
Kip- en hamrolletjes 133
Gebakken authentieke ham 135
Pseudo-gerookte vis 136
Gestoofde champignons 138
Champignons In Oestersaus 139
Varkensrolletjes en salade 140
Gehaktballetjes van varkensvlees en kastanje 142
Varkensvleesbol 143
Gehaktballetjes van varkensvlees en kalfsvlees 144
Vlinder garnalen 145
Chinese garnalen 146
Drakenwolken 147
Krokante garnalen 148
Garnalen Met Gembersaus 149
Rolletjes met garnalen en tagliatelle 150
Toast van garnalen 152
Wontons van varkensvlees en garnalen met zoetzure saus 153
Kippen bouillon 155
Varkensvleesspruiten- en bonensoep 156
Abalone en champignonsoep 157
Kip- en Aspergesoep 159
Rundersoep 160
Chinese rundvlees- en bladsoep 161
Koolsoep 162
Pittige rundvleessoep 163

Hemelse soep 165
Soep met kip en bamboescheuten 166
Kip- en maïssoep 167
Kip- en Gembersoep 168
Kippensoep met Chinese champignons 169
Kip- en Rijstsoep 170
Kip- en Kokossoep 171
Tweekleppige schelpdierensoep 172
Eiersoep 173
Krab- en Sint-jakobsschelpsoep 174
Krab soep 176
Vissoep 177
Vissoep en hoofd 178
Gembersoep met dumplings 180
Hete en zure soep 181
Champignonsoep 182
Champignon- en koolsoep 183
Champignon eiersoep 184
Champignon-kastanjesoep op waterbasis 185
Varkensvlees- en Champignonsoep 186
Soep van varkensvlees en waterkers 187
Varkensvlees-komkommersoep 188
Soep met gehaktballetjes en tagliatelle 189
Spinazie-Tofu-soep 190
Zoete maïs- en krabsoep 191
Sichuan-soep 192
Tofu-soep 194
Tofu en vissoep 195
tomatensoep 196
Tomaten- en Spinaziesoep 197
Raapsoep 198
Soep 199
Vegetarische soep 200
waterkers soep 201
Gebakken Vis Met Groenten 202
Gebakken hele vis 204

Gestoomde sojavis 205
Sojavis met oestersaus 206
Gestoofde zeebaars 208
Gestoofde vis met champignons 209
Zoete en zure vis 211
Vis gevuld met varkensvlees 213
Gestoomde gekruide karper 215

Garnalen met lycheesaus

Serveert 4

50g / 2oz / ¬Ω *Gladde beker (universeel)*
Meel
2,5 ml/¬Ω *theelepel zout*
1 ei, lichtgeklopt
30 ml/2 eetlepels water
450 g gepelde garnalen
frituur olie
30 ml/2 eetlepels arachideolie (pinda's).
2 plakjes gemberwortel, gehakt
30 ml/2 eetlepels wijnazijn
5 ml/1 theelepel suiker
2,5 ml/¬Ω theelepel zout
15 ml/1 eetlepel sojasaus
200 g lychees uit blik, uitgelekt

Klop de bloem, het zout, het ei en het water tot er een deeg ontstaat. Voeg indien nodig een beetje water toe. Meng met garnalen tot ze goed bedekt zijn. Verhit de olie en bak de garnalen een paar minuten tot ze knapperig en goudbruin zijn. Laat ze uitlekken op keukenpapier en schik ze op een warme serveerschaal. Verhit ondertussen de olie en bak de gember 1 minuut. Voeg wijnazijn, suiker, zout en sojasaus toe. Voeg de lychees toe en roer tot ze warm zijn en bedekt zijn met de saus. Giet over de garnalen en serveer onmiddellijk.

Gebakken Garnalen Met Mandarijn

Serveert 4

60 ml/4 eetlepels arachideolie (pinda's).

1 teentje knoflook, geperst

1 schijfje gemberwortel, gehakt

450 g gepelde garnalen

30 ml / 2 eetlepels rijstwijn of droge sherry 30 ml / 2 eetlepels sojasaus

15 ml / 1 eetlepel maïsmeel (maïszetmeel)

45 ml/3 eetlepels water

Verhit de olie en bak de knoflook en gember goudbruin. Voeg de garnalen toe en bak ze 1 minuut bruin. Voeg de wijn of sherry toe en meng goed. Voeg de sojasaus, maizena en water toe en roerbak 2 minuten.

Garnalen Met Kalkoenen

Serveert 4

5 gedroogde Chinese paddenstoelen
225 g taugé
60 ml/4 eetlepels arachideolie (pinda's).
5 ml/1 theelepel zout
2 stengels bleekselderij, gehakt
4 lente-uitjes (lente-uitjes), gehakt
2 teentjes knoflook, geperst
2 plakjes gemberwortel, gehakt
60 ml/4 eetlepels water
15 ml/1 eetlepel sojasaus
15 ml/1 eetlepel rijstwijn of droge sherry
225 g Taccole (peultjes)
225 g gepelde garnalen
15 ml / 1 eetlepel maïsmeel (maïszetmeel)

Week de champignons 30 minuten in warm water en laat ze uitlekken. Verwijder de stelen en hak de hoedjes fijn. Blancheer de taugé 5 minuten in kokend water en laat ze vervolgens goed uitlekken. Verhit de helft van de olie en bak het zout, de bleekselderij, de lente-ui en de taugé gedurende 1 minuut en haal ze vervolgens uit de pan. Verhit de resterende olie en bak de knoflook en gember goudbruin. Voeg de helft van het water, sojasaus, wijn of sherry, peultjes en garnalen toe, breng aan de kook en kook gedurende 3 minuten. Meng het maïzena en het resterende water tot een pasta, voeg het toe aan de pan en kook al roerend tot de saus dikker wordt. Doe de groenten terug in de pan en kook tot ze zacht zijn. Serveer onmiddellijk.

Garnalen Met Chinese Paddestoelen

Serveert 4

8 gedroogde Chinese paddenstoelen
45 ml/3 eetlepels arachideolie (pinda's).
3 plakjes gemberwortel, gehakt
450 g gepelde garnalen
15 ml/1 eetlepel sojasaus
5 ml/1 theelepel zout
60 ml/4 eetlepels visbouillon

Week de champignons 30 minuten in warm water en laat ze uitlekken. Verwijder de stelen en hak de hoedjes fijn. Verhit de helft van de olie en bak de gember goudbruin. Voeg de garnalen, sojasaus en zout toe en bak tot ze bedekt zijn met olie en haal ze vervolgens uit de pan. Verhit de resterende olie en bak de champignons tot ze bedekt zijn met olie. Voeg de bouillon toe, breng aan de kook, dek af met een deksel en laat 3 minuten koken. Doe de garnalen terug in de pan en roer tot ze goed verwarmd zijn.

Gebakken garnalen en erwten

Serveert 4

450 g gepelde garnalen
5 ml/1 theelepel sesamolie
5 ml/1 theelepel zout
30 ml/2 eetlepels arachideolie (pinda's).
1 teentje knoflook, geperst
1 schijfje gemberwortel, gehakt
225 g geblancheerde of bevroren erwten, ontdooid
4 lente-uitjes (lente-uitjes), gehakt

30 ml/2 eetlepels water

zout en peper

Meng de garnalen met sesamolie en zout. Verhit de olie en fruit de knoflook en gember 1 minuut. Voeg de garnalen toe en bak ze 2 minuten bruin. Voeg de erwten toe en bak ze 1 minuut bruin. Voeg de lente-uitjes en het water toe en breng op smaak met zout, peper en nog wat sesamolie. Opwarmen voor het serveren, zorgvuldig mengen.

Garnalen met mangochutney

Serveert 4

12 garnalen

zout en peper

sap van 1 citroen

30 ml / 2 eetlepels maïsmeel (maïszetmeel)

1 mango

5 ml/1 theelepel mosterdpoeder

5 ml/1 theelepel honing

30 ml/2 eetlepels kokosroom

30 ml/2 eetlepels milde curry

120 ml kippenbouillon

45 ml/3 eetlepels arachideolie (pinda's).

2 teentjes knoflook, fijngehakt

2 lente-uitjes (gesnipperde ui).

1 venkel, gehakt

100 gram mangochutney

Pel de garnalen en laat de staart intact. Bestrooi met zout, peper en citroensap en bestrooi met de helft van het maizena. Schil de mango, verwijder het vruchtvlees van de steen en snijd het vruchtvlees in blokjes. Roer de mosterd, honing, kokosroom, kerriepoeder, resterende maïzena en bouillon erdoor. Verhit de helft van de olie en fruit de knoflook, lente-ui en venkel 2 minuten. Giet de bouillon erbij, breng aan de kook en kook 1 minuut. Voeg de mangoblokjes en de chutney toe, verwarm op laag vuur en doe het geheel op een voorverwarmd serveerbord. Verhit de resterende olie en bak de garnalen gedurende 2 minuten. Leg ze over de groenten en serveer onmiddellijk.

Gefrituurde garnalenballetjes met uiensaus

Serveert 4

3 eieren, lichtgeklopt

45 ml / 3 eetlepels bloem (universeel).

zout en versgemalen peper

450 g gepelde garnalen

frituur olie

15 ml/1 eetlepel arachideolie (pinda's).

2 uien, gehakt

15 ml / 1 eetlepel maïsmeel (maïszetmeel)

30 ml/2 eetlepels sojasaus

175 ml / 6 fl oz / ¬œ kopje water

Meng eieren, bloem, zout en peper. Doop de garnalen in het beslag. Verhit de olie en bak de garnalen goudbruin. Verhit ondertussen de olie en bak de ui 1 minuut. Meng de overige ingrediënten tot een pasta ontstaat, voeg de ui toe en kook, onder voortdurend roeren, tot de saus is ingedikt. Giet de garnalen af en schik ze op een warme serveerschaal. Giet de saus erover en serveer onmiddellijk.

Mandarijngarnalen met erwten

Serveert 4

60 ml/4 eetlepels arachideolie (pinda's).

1 teentje knoflook, fijngehakt

1 schijfje gemberwortel, gehakt

450 g gepelde garnalen

30 ml/2 eetlepels rijstwijn of droge sherry

225 g diepvrieserwten, ontdooid

30 ml/2 eetlepels sojasaus

15 ml / 1 eetlepel maïsmeel (maïszetmeel)

45 ml/3 eetlepels water

Verhit de olie en bak de knoflook en gember goudbruin. Voeg de garnalen toe en bak ze 1 minuut bruin. Voeg de wijn of sherry toe en meng goed. Voeg de erwten toe en bak ze 5 minuten. Voeg de overige ingrediënten toe en bak 2 minuten.

Peking-garnalen

Serveert 4

30 ml/2 eetlepels arachideolie (pinda's).

2 teentjes knoflook, geperst

1 schijfje gemberwortel, fijngehakt

225 g gepelde garnalen

4 lente-uitjes (lente-uitjes), in dikke plakjes gesneden

120 ml kippenbouillon

5 ml/1 theelepel bruine suiker

5 ml/1 theelepel sojasaus

5 ml/1 theelepel hoisinsaus

5 ml/1 theelepel Tabasco-saus

Verhit de olie met de knoflook en gember en bak tot de knoflook lichtbruin is. Voeg de garnalen toe en bak ze 1 minuut bruin. Voeg de lente-ui toe en bak 1 minuut. Voeg de overige ingrediënten toe, breng aan de kook, dek af en laat 4 minuten koken, af en toe roeren. Controleer de smaak en voeg eventueel nog wat Tabasco toe.

Garnalen Met Paprika

Serveert 4

30 ml/2 eetlepels arachideolie (pinda's).

1 groene paprika, in stukjes gesneden

450 g gepelde garnalen

10 ml / 2 theelepels maïsmeel (maïszetmeel)

60 ml/4 eetlepels water

5 ml / 1 theelepel rijstwijn of droge sherry

2,5 ml/½ theelepel zout

45 ml / 2 eetlepels tomatenpuree tot een pasta

Verhit de olie en bak de paprika 2 minuten. Voeg de garnalen en tomatenpuree toe en meng goed. Meng het maïzenawater, de wijn of sherry en het zout tot een pasta, voeg toe aan de pan en kook, onder voortdurend roeren, tot de saus licht en ingedikt is.

Geroosterde garnalen met varkensvlees

Serveert 4

225 g gepelde garnalen
100 g mager varkensvlees, gehakt
60 ml/4 eetlepels rijstwijn of droge sherry
1 eiwit
45 ml / 3 eetlepels maïsmeel (maïszetmeel)
5 ml/1 theelepel zout
15 ml / 1 eetlepel water (optioneel)
90 ml/6 eetlepels arachideolie (pinda's).
45 ml/3 eetlepels visbouillon
5 ml/1 theelepel sesamolie

Doe garnalen en varkensvlees in aparte kommen. Meng 45 ml/3 eetlepels wijn of sherry, het eiwit, 30 ml/2 eetlepels maïzena en zout tot een zacht deeg ontstaat. Voeg indien nodig water toe. Verdeel het mengsel tussen varkensvlees en garnalen en meng goed zodat het gelijkmatig bedekt is. Verhit de olie en bak het varkensvlees en de garnalen in een paar minuten goudbruin. Haal het uit de pan en giet er alles behalve 15 ml/1 eetlepel olie in. Voeg de bouillon toe aan de pan met de resterende wijn of sherry en maizena. Breng aan de kook en kook, onder voortdurend roeren, tot de saus dikker wordt. Giet over de garnalen en het varkensvlees en serveer besprenkeld met sesamolie.

Gebakken garnalen met sherrysaus

Serveert 4

50 g / 2 oz / ¬Ω kopje gewone bloem (universeel).
2,5 ml/¬Ω theelepel zout
1 ei, lichtgeklopt
30 ml/2 eetlepels water
450 g gepelde garnalen
frituur olie

15 ml/1 eetlepel arachideolie (pinda's).

1 ui, fijngehakt

45 ml/3 eetlepels rijstwijn of droge sherry

15 ml/1 eetlepel sojasaus

120 ml / 4 fl oz / ¬Ω kopje visbouillon

10 ml / 2 theelepels maïsmeel (maïszetmeel)

30 ml/2 eetlepels water

Klop de bloem, het zout, het ei en het water tot er een deeg ontstaat. Voeg indien nodig een beetje water toe. Meng met garnalen tot ze goed bedekt zijn. Verhit de olie en bak de garnalen een paar minuten tot ze knapperig en goudbruin zijn. Laat ze uitlekken op keukenpapier en schik ze op een warme serveerschaal. Verhit intussen de olie en bak de ui glazig. Voeg de wijn of sherry, sojasaus en bouillon toe, breng aan de kook en kook gedurende 4 minuten. Meng de maïzena en het water tot een pasta ontstaat, doe het in de pan en kook, onder voortdurend roeren, tot de saus licht en ingedikt is. Giet de saus over de garnalen en serveer.

Gebakken Garnalen Met Sesam

Serveert 4

450 g gepelde garnalen

¬Ω eiwit

5 ml/1 theelepel sojasaus

5 ml/1 theelepel sesamolie

50 g maïsmeel (maïszetmeel)

zout en versgemalen witte peper

frituur olie

60 ml/4 eetlepels sesamzaadjes

sla blaadjes

Meng de garnalen met het eiwit, de sojasaus, sesamolie, maizena, zout en peper. Als het mengsel te dik is, voeg dan een beetje water toe. Verhit de olie en bak de garnalen een paar minuten tot ze licht goudbruin zijn. Bak ondertussen de sesamzaadjes kort in een droge koekenpan goudbruin. Giet de garnalen af en meng ze met de sesamzaadjes. Serveer op een bedje van salade.

Gebakken garnalen met schelpen

Serveert 4

60 ml/4 eetlepels arachideolie (pinda's).
750 g gepelde garnalen
3 lente-uitjes (lente-uitjes), gehakt
3 plakjes gemberwortel, gehakt
2,5 ml/¬Ω theelepel zout
15 ml/1 eetlepel rijstwijn of droge sherry
120 ml / 4 fl oz / ¬Ω kopje ketchup (ketchup)
15 ml/1 eetlepel sojasaus
15 ml/1 eetlepel suiker
15 ml / 1 eetlepel maïsmeel (maïszetmeel)
60 ml/4 eetlepels water

Verhit de olie en bak de garnalen gedurende 1 minuut als ze gaar zijn, of tot ze roze zijn als ze rauw zijn. Voeg de sjalotjes, gember, zout en wijn of sherry toe en bak 1 minuut. Voeg de ketchup, sojasaus en suiker toe en roerbak 1 minuut. Meng het maizena en het water, giet het in de pan en kook, onder voortdurend roeren, tot de saus lichter en dikker wordt.

Gebakken zachte garnalen

Serveert 4

75 g maïsmeel (maïszetmeel)
1 eiwit
5 ml / 1 theelepel rijstwijn of droge sherry
zout
350 g gepelde garnalen
frituur olie

Klop de maïzena, het eiwit, de wijn of sherry en een snufje zout tot een dik beslag. Dompel de garnalen in het beslag tot ze goed bedekt zijn. Verhit de olie tot deze heet is en bak de garnalen in een paar minuten goudbruin. Haal ze uit de olie, verwarm tot ze heet zijn en bak de garnalen opnieuw tot ze knapperig en goudbruin zijn.

Garnalen tempura

Serveert 4

450 g gepelde garnalen
30 ml / 2 eetlepels bloem (universeel).

30 ml / 2 eetlepels maïsmeel (maïszetmeel)

30 ml/2 eetlepels water

2 eieren, losgeklopt

frituur olie

Snijd de garnalen van binnen doormidden en open ze zodat er een vlinder ontstaat. Meng de bloem, maizena en water tot een deeg ontstaat en roer dan het ei erdoor. Verhit de olie en bak de garnalen goudbruin.

Onder de band

Serveert 4

30 ml/2 eetlepels arachideolie (pinda's).

2 lente-uitjes (gesnipperde ui).

1 teentje knoflook, geperst

1 schijfje gemberwortel, gehakt

100 g kipfilet, in reepjes gesneden

100 g ham in reepjes gesneden

100 g bamboescheuten in reepjes gesneden

100 g waterkastanjes in reepjes gesneden

225 g gepelde garnalen

30 ml/2 eetlepels sojasaus

30 ml/2 eetlepels rijstwijn of droge sherry

5 ml/1 theelepel zout

5 ml/1 theelepel suiker

5 ml / 1 theelepel maïsmeel (maïszetmeel)

Verhit de olie en bak de lente-uitjes, knoflook en gember goudbruin. Voeg de kip toe en bak 1 minuut. Voeg de ham, bamboescheuten en waterkastanjes toe en bak 3 minuten. Voeg de garnalen toe en bak ze 1 minuut bruin. Voeg sojasaus, wijn of sherry, zout en suiker toe en bak gedurende 2 minuten. Meng de maïzena met een beetje water, giet het in de pan en kook, onder voortdurend roeren, gedurende 2 minuten.

Garnalen met tofu

Serveert 4

45 ml/3 eetlepels arachideolie (pinda's).

225 g tofu, in blokjes gesneden

1 lente-ui (lente-ui), gehakt

1 teentje knoflook, geperst

15 ml/1 eetlepel sojasaus

5 ml/1 theelepel suiker

90 ml/6 eetlepels visbouillon

225 g gepelde garnalen

15 ml / 1 eetlepel maïsmeel (maïszetmeel)
45 ml/3 eetlepels water

Verhit de helft van de olie en bak de tofu lichtbruin, haal hem dan uit de pan. Verhit de resterende olie en bak de lente-uitjes en knoflook goudbruin. Voeg de sojasaus, suiker en bouillon toe en breng aan de kook. Voeg de garnalen toe en bak ze gedurende 3 minuten op laag vuur bruin. Meng de maïzena en het water tot een pasta, voeg toe aan de pan en laat onder voortdurend roeren koken tot de saus dikker wordt. Doe de tofu terug in de pan en laat zachtjes koken tot hij heet is.

Garnalen Met Tomaten

Serveert 4

2 eiwitten
30 ml / 2 eetlepels maïsmeel (maïszetmeel)
5 ml/1 theelepel zout
450 g gepelde garnalen
frituur olie
30 ml/2 eetlepels rijstwijn of droge sherry
225 g gepelde tomaten, ontpit en in kleine stukjes gesneden

Meng het eiwit, maizena en zout. Voeg garnalen toe tot ze goed bedekt zijn. Verhit de olie en bak de garnalen tot ze gaar zijn. Giet alles behalve 15 ml/1 eetlepel olie erbij en verwarm. Voeg de wijn of sherry en de tomaten toe en breng aan de kook. Voeg de garnalen toe en verwarm snel voordat u ze serveert.

Garnalen Met Tomatensaus

Serveert 4

30 ml/2 eetlepels arachideolie (pinda's).
1 teentje knoflook, geperst
2 plakjes gemberwortel, gehakt
2,5 ml/¬Ω theelepel zout
15 ml/1 eetlepel rijstwijn of droge sherry
15 ml/1 eetlepel sojasaus
6 ml / 4 eetlepels ketchup (ketchup)
120 ml / 4 fl oz / ¬Ω kopje visbouillon
350 g gepelde garnalen
10 ml / 2 theelepels maïsmeel (maïszetmeel)
30 ml/2 eetlepels water

Verhit de olie en fruit de knoflook, gember en zout gedurende 2 minuten. Voeg wijn of sherry, sojasaus, ketchup en bouillon toe en breng aan de kook. Voeg de garnalen toe, dek af en kook gedurende 2 minuten. Meng de maïzena en het water tot een deeg ontstaat, giet het in de pan en kook, onder voortdurend roeren, tot de saus licht en ingedikt is.

Garnalen met tomaat en chilisaus

Serveert 4

60 ml/4 eetlepels arachideolie (pinda's).

15 ml/1 eetlepel gemalen gember

15 ml/1 eetlepel gehakte knoflook

15 ml/1 eetlepel gehakte lente-uitjes

60 ml / 4 eetlepels tomatenpuree √ © e (pasta)

15 ml/1 el chilisaus

450 g gepelde garnalen

15 ml / 1 eetlepel maïsmeel (maïszetmeel)

15 ml/1 eetlepel water

Verhit de olie en bak de gember, knoflook en lente-uitjes 1 minuut. Voeg de tomatenpuree en de chilisaus toe en meng goed. Voeg de garnalen toe en bak ze 2 minuten bruin. Meng de maïsmeel en het water tot een gladde massa, voeg toe aan de pan en kook tot de saus dikker wordt. Serveer onmiddellijk.

Gebakken Garnalen Met Tomatensaus

Serveert 4

50 g / 2 oz / ¬Ω kopje gewone bloem (universeel).

2,5 ml/¬Ω theelepel zout

1 ei, lichtgeklopt

30 ml/2 eetlepels water

450 g gepelde garnalen

frituur olie

30 ml/2 eetlepels arachideolie (pinda's).

1 ui, fijngehakt

2 plakjes gemberwortel, gehakt

75 ml / 5 eetlepels ketchup (ketchup)

10 ml / 2 theelepels maïsmeel (maïszetmeel)

30 ml/2 eetlepels water

Klop de bloem, het zout, het ei en het water tot er een deeg ontstaat. Voeg indien nodig een beetje water toe. Meng met garnalen tot ze goed bedekt zijn. Verhit de olie en bak de garnalen een paar minuten tot ze knapperig en goudbruin zijn. Laat uitlekken op keukenpapier.

Verhit ondertussen de olie en bak de ui en gember tot ze zacht zijn. Voeg de ketchup toe en kook gedurende 3 minuten. Meng de maïzena en het water tot een pasta ontstaat, doe het in de pan en kook al roerend tot de saus dikker wordt. Voeg de garnalen toe aan de pan en kook tot ze goed gaar zijn. Serveer onmiddellijk.

Garnalen Met Groenten

Serveert 4

15 ml/1 eetlepel arachideolie (pinda's).

225 g broccoliroosjes

225 g champignons

225 g bamboescheuten, in plakjes gesneden

450 g gepelde garnalen

120 ml kippenbouillon

5 ml / 1 theelepel maïsmeel (maïszetmeel)

5 ml/1 theelepel oestersaus
2,5 ml/½ theelepel suiker
2,5 ml/½ theelepel geraspte gemberwortel
een snufje versgemalen peper

Verhit de olie en bak de broccoli 1 minuut. Voeg de champignons en bamboescheuten toe en bak 2 minuten. Voeg de garnalen toe en bak ze 2 minuten bruin. Meng de overige ingrediënten en voeg ze toe aan het garnalenmengsel. Breng aan de kook, onder voortdurend roeren, en kook vervolgens gedurende 1 minuut.

Garnalen met waterkastanjes

Serveert 4

60 ml/4 eetlepels arachideolie (pinda's).
1 teentje knoflook, fijngehakt
1 schijfje gemberwortel, gehakt
450 g gepelde garnalen

*30 ml / 2 eetlepels rijstwijn of droge sherry 225 g / 8 oz
waterkastanjes, in plakjes
30 ml/2 eetlepels sojasaus
15 ml / 1 eetlepel maïsmeel (maïszetmeel)
45 ml/3 eetlepels water*

Verhit de olie en bak de knoflook en gember goudbruin. Voeg de garnalen toe en bak ze 1 minuut bruin. Voeg de wijn of sherry toe en meng goed. Voeg de waterkastanjes toe en bak ze 5 minuten. Voeg de overige ingrediënten toe en bak 2 minuten.

Garnalenwontons

Serveert 4

*450 g gepelde garnalen, fijngehakt
225 g gemengde groenten, gehakt
15 ml/1 eetlepel sojasaus
2,5 ml/¬Ω theelepel zout
een paar druppels sesamolie
40 wontonhuiden*

frituur olie

Meng de garnalen, groenten, sojasaus, zout en sesamolie.

Om de wontons te vouwen, houdt u de huid in de palm van uw linkerhand en schep een deel van de vulling in het midden. Bevochtig de randen met het ei en vouw de huid in een driehoek, zodat de randen dicht zijn. Bevochtig de hoeken met ei en krul ze samen.

Verhit de olie en bak de wontons met een paar tegelijk goudbruin. Laat goed uitlekken voordat je het serveert.

Abalone met kip

Serveert 4

400 gram mosselen uit blik
30 ml/2 eetlepels arachideolie (pinda's).
100 g kipfilet, in blokjes gesneden
100 g bamboescheuten, in plakjes gesneden
250 ml / 8 fl oz / 1 kopje visbouillon
15 ml/1 eetlepel rijstwijn of droge sherry

5 ml/1 theelepel suiker

2,5 ml/¬Ω theelepel zout

15 ml / 1 eetlepel maïsmeel (maïszetmeel)

45 ml/3 eetlepels water

Giet de mosselen af en snij ze in stukken, bewaar het sap. Verhit de olie en bak de kip lichtbruin. Voeg de mosselen en bamboescheuten toe en bak 1 minuut. Voeg het mosselvocht, de bouillon, wijn of sherry, suiker en zout toe, breng aan de kook en kook gedurende 2 minuten. Meng de maïsmeel en het water tot een pasta en kook, onder voortdurend roeren, tot de saus licht en ingedikt is. Serveer onmiddellijk.

Abalone met asperges

Serveert 4

10 gedroogde Chinese paddenstoelen

30 ml/2 eetlepels arachideolie (pinda's).

15 ml/1 eetlepel water

225 g asperges

2,5 ml/¬Ω theelepel vissaus

15 ml / 1 eetlepel maïsmeel (maïszetmeel)

225 g abalone uit blik, in plakjes gesneden

60 ml/4 eetlepels bouillon

¬Ω kleine wortel, in plakjes gesneden

5 ml/1 theelepel sojasaus

5 ml/1 theelepel oestersaus

5 ml / 1 theelepel rijstwijn of droge sherry

Week de champignons 30 minuten in warm water en laat ze uitlekken. Gooi de stengels weg. Verhit 15 ml/1 eetlepel olie met water en bak de champignonhoedjes gedurende 10 minuten. Kook ondertussen de asperges in kokend water met vissaus en 5 ml/1 theelepel maizena tot ze zacht zijn. Laat ze goed uitlekken en schik ze samen met de champignons op een warme serveerschaal. Houd ze warm. Verhit de resterende olie en bak de mosselen een paar seconden. Voeg vervolgens de bouillon, wortels, sojasaus, oestersaus, wijn of sherry en de resterende maïzena toe. Kook ongeveer 5 minuten tot ze gaar zijn, giet dan over de asperges en serveer.

Abalone met champignons

Serveert 4

6 gedroogde Chinese paddenstoelen
400 gram mosselen uit blik
45 ml/3 eetlepels arachideolie (pinda's).
2,5 ml/½ theelepel zout
15 ml/1 eetlepel rijstwijn of droge sherry
3 lente-uitjes (lente-uitjes), in dikke plakjes gesneden

Week de champignons 30 minuten in warm water en laat ze uitlekken. Verwijder de stelen en hak de hoedjes fijn. Giet de mosselen af en snij ze in stukken, bewaar het sap. Verhit de olie en bak het zout en de champignons gedurende 2 minuten. Voeg het mosselvocht en de sherry toe, breng aan de kook, dek af en kook gedurende 3 minuten. Voeg de mosselen en de lente-ui toe en kook tot ze warm zijn. Serveer onmiddellijk.

Abalone met oestersaus

Serveert 4

400 gram mosselen uit blik

15 ml / 1 eetlepel maïsmeel (maïszetmeel)

15 ml/1 eetlepel sojasaus

45 ml/3 eetlepels oestersaus

30 ml/2 eetlepels arachideolie (pinda's).

50 g gerookte ham, in plakjes gesneden

Giet het blik abalone af en zet 90 ml/6 eetlepels vloeistof opzij. Meng het met maïzena, sojasaus en oestersaus. Verhit de olie en bak de uitgelekte mosselen 1 minuut. Voeg het sausmengsel toe en kook al roerend tot het heet is, ongeveer 1 minuut. Breng over naar een warme serveerschaal en serveer gegarneerd met ham.

Gestoomde mosselen

Serveert 4

24 mosselen

Maak de mosselen goed schoon en laat ze enkele uren in gezouten water weken. Spoel ze af onder stromend water en plaats ze op een diepe schaal. Leg ze op een stoomrek, dek af en kook in kokend water op laag vuur gedurende ongeveer 10 minuten tot alle mosselen open zijn. Gooi alles weg dat gesloten blijft. Serveer met sauzen.

Kokkels met taugé

Serveert 4

24 mosselen

15 ml/1 eetlepel arachideolie (pinda's).

150 g sojascheuten

1 groene paprika, in reepjes gesneden

2 lente-uitjes (gesnipperde ui).

15 ml/1 eetlepel rijstwijn of droge sherry

zout en versgemalen peper

2,5 ml/¬Ω theelepel sesamolie

50 g gerookte ham, in plakjes gesneden

Maak de mosselen goed schoon en laat ze enkele uren in gezouten water weken. Spoel onder stromend water. Breng een pan water aan de kook, voeg de mosselen toe en kook een paar minuten tot ze opengaan. Giet af en gooi alles wat ongeopend blijft weg. Haal de mosselen uit de schelpen.

Verhit de olie en bak de taugé gedurende 1 minuut. Voeg de paprika en lente-ui toe en bak 2 minuten. Voeg wijn of sherry toe en breng op smaak met peper en zout. Verhit, voeg dan de mosselen toe en roer tot alles goed gemengd en opgewarmd is. Breng over naar een warme serveerschaal en serveer, bestrooid met sesamolie en ham.

mosselen met gember en knoflook

Serveert 4

24 mosselen

15 ml/1 eetlepel arachideolie (pinda's).

2 plakjes gemberwortel, gehakt

2 teentjes knoflook, geperst

15 ml/1 eetlepel water

5 ml/1 theelepel sesamolie

zout en versgemalen peper

Maak de mosselen goed schoon en laat ze enkele uren in gezouten water weken. Spoel onder stromend water. Verhit de olie en fruit de gember en knoflook gedurende 30 seconden. Voeg de mosselen, het water en de sesamolie toe, dek af en kook ongeveer 5 minuten tot de mosselen opengaan. Gooi alles weg dat gesloten blijft. Breng licht op smaak met peper en zout en serveer onmiddellijk.

Gebakken mosselen

Serveert 4

24 mosselen
60 ml/4 eetlepels arachideolie (pinda's).
4 teentjes knoflook, fijngehakt
1 ui, gehakt
2,5 ml/¬Ω theelepel zout

Maak de mosselen goed schoon en laat ze enkele uren in gezouten water weken. Spoel af onder stromend water en droog vervolgens. Verhit de olie en bak de knoflook, ui en zout tot ze zacht zijn. Voeg de mosselen toe, dek af en kook op laag vuur gedurende ongeveer 5 minuten, totdat alle schelpen open zijn.

Gooi alles weg dat gesloten blijft. Bak nog 1 minuut zachtjes en bestrijk ze met olie.

Krabkoekjes

Serveert 4

225 g taugé

60 ml / 4 eetlepels arachideolie (pinda's) 100 g / 4 oz bamboescheuten, in reepjes gesneden

1 ui, gehakt

225 g krabvlokken

4 eieren, lichtgeklopt

15 ml / 1 eetlepel maïsmeel (maïszetmeel)

30 ml/2 eetlepels sojasaus

zout en versgemalen peper

Blancheer de taugé 4 minuten in kokend water en laat ze uitlekken. Verhit de helft van de olie en bak de taugé, bamboescheuten en ui tot ze zacht zijn. Haal van het vuur en voeg de overige ingrediënten toe, behalve de olie. Verhit de resterende olie in een schone pan en bak lepels van het krabmengsel tot er kleine koeken ontstaan. Bak aan beide kanten goudbruin en serveer onmiddellijk.

Krab crème

Serveert 4

225 g krabvlees
5 losgeklopte eieren
1 lente-ui (lente-ui), fijngehakt
250 ml / 8 fl oz / 1 kopje water
5 ml/1 theelepel zout
5 ml/1 theelepel sesamolie

Meng alle ingrediënten goed. Doe het in een kom, dek af en plaats het in een dubbele boiler boven heet water of op een stoomrek. Kook ongeveer 35 minuten met stoom tot je een vla verkrijgt, af en toe roerend. Serveer met rijst.

Chinees krabvlees met bladeren

Serveert 4

450 g Chinese bladeren, versnipperd
45 ml/3 eetlepels plantaardige olie
2 lente-uitjes (gesnipperde ui).
225 g krabvlees
15 ml/1 eetlepel sojasaus
15 ml/1 eetlepel rijstwijn of droge sherry
5 ml/1 theelepel zout

Blancheer de Chinese bladeren 2 minuten in kokend water, laat ze goed uitlekken en spoel ze af met koud water. Verhit de olie en bak de lente-uitjes goudbruin. Voeg het krabvlees toe en bak 2 minuten. Voeg de Chinese bladeren toe en bak 4 minuten. Voeg de sojasaus, wijn of sherry en zout toe en meng goed. Voeg de bouillon en het maïzena toe, breng aan de kook en kook al roerend 2 minuten tot de saus lichter en dikker wordt.

Foo Yung-krab met taugé

Serveert 4

6 losgeklopte eieren

45 ml / 3 eetlepels maïsmeel (maïszetmeel)

225 g krabvlees

100 g sojascheuten

2 lente-uitjes (lente-uitjes), fijngehakt

2,5 ml/¬Ω theelepel zout

45 ml/3 eetlepels arachideolie (pinda's).

Klop de eieren los en voeg dan de maïzena toe. Meng de overige ingrediënten behalve de olie. Verhit de olie en giet het mengsel beetje bij beetje in de pan tot er gehaktballetjes ontstaan van ongeveer 7,5 cm doorsnee. Bak tot ze goudbruin zijn aan de onderkant, draai dan om en bak aan de andere kant.

Gember krab

Serveert 4

15 ml/1 eetlepel arachideolie (pinda's).
2 plakjes gemberwortel, gehakt
4 lente-uitjes (lente-uitjes), gehakt
3 teentjes knoflook, geperst
1 rode chilipeper, gehakt
350 g krabvlokken
2,5 ml/½ theelepel vispasta
2,5 ml/½ theelepel sesamolie
15 ml/1 eetlepel rijstwijn of droge sherry
5 ml / 1 theelepel maïsmeel (maïszetmeel)
15 ml/1 eetlepel water

Verhit de olie en bak de gember, lente-ui, knoflook en chilipeper 2 minuten. Voeg het krabvlees toe en meng tot het goed bedekt is met de kruiden. Voeg de vispasta toe. Meng de overige ingrediënten tot je een pasta krijgt, giet ze in de pan en roerbak 1 minuut. Serveer onmiddellijk.

Krab Lo Mein

Serveert 4

100 g sojascheuten

30 ml/2 eetlepels arachideolie (pinda's).

5 ml/1 theelepel zout

1 ui, gehakt

100 g champignons, in plakjes gesneden

225 g krabvlokken

100 g bamboescheuten, in plakjes gesneden

Opgeheven noedels

30 ml/2 eetlepels sojasaus

5 ml/1 theelepel suiker

5 ml/1 theelepel sesamolie

zout en versgemalen peper

Blancheer de taugé 5 minuten in kokend water en laat ze vervolgens uitlekken. Verhit de olie en bak het zout en de ui tot ze zacht zijn. Voeg de champignons toe en bak tot ze zacht zijn, onder voortdurend roeren. Voeg het krabvlees toe en bak 2 minuten. Voeg de taugé en bamboescheuten toe en roerbak 1 minuut. Voeg de uitgelekte tagliatelle toe aan de pan en bak zachtjes. Meng de sojasaus, suiker en sesamolie en breng op smaak met zout en peper. Roer de pan erdoor tot hij heet is.

Gebakken krab met varkensvlees

Serveert 4

30 ml/2 eetlepels arachideolie (pinda's).

100 g varkensgehakt (gehakt).

350 g krabvlokken

2 plakjes gemberwortel, gehakt

2 eieren, lichtgeklopt

15 ml/1 eetlepel sojasaus

15 ml/1 eetlepel rijstwijn of droge sherry

30 ml/2 eetlepels water

zout en versgemalen peper

4 lente-uitjes (lente-uitjes), in reepjes gesneden

Verhit de olie en bak het varkensvlees lichtbruin. Voeg het krabvlees en de gember toe en bak 1 minuut. Verbind de eieren. Voeg de sojasaus, wijn of sherry, water, zout en peper toe en kook al roerend ongeveer 4 minuten. Serveer gegarneerd met lente-uitjes.

Gebakken krabvlees

Serveert 4

30 ml/2 eetlepels arachideolie (pinda's).

450 g krabvlokken

2 lente-uitjes (gesnipperde ui).

2 plakjes gemberwortel, gehakt

30 ml/2 eetlepels sojasaus

30 ml/2 eetlepels rijstwijn of droge sherry

2,5 ml/½ theelepel zout

15 ml / 1 eetlepel maïsmeel (maïszetmeel)

60 ml/4 eetlepels water

Verhit de olie en bak het krabvlees, de lente-uitjes en de gember 1 minuut. Voeg de sojasaus, wijn of sherry en zout toe, dek af en kook gedurende 3 minuten. Meng de maïzena en het water tot een pasta ontstaat, doe het in de pan en kook, onder voortdurend roeren, tot de saus licht en ingedikt is.

Gebakken inktvisgehaktballetjes

Serveert 4

450 g inktvis

50 g gehakt varkensreuzel

1 eiwit

2,5 ml/¬Ω theelepel suiker

2,5 ml / ¬Ω theelepel maïsmeel (maïszetmeel)

zout en versgemalen peper

frituur olie

Maak de inktvis schoon en plet hem of verminder hem tot pulp. Meng het reuzel, het eiwit, de suiker en het maïzena erdoor en breng op smaak met zout en peper. Druk het mengsel in balletjes. Verhit de olie en bak de inktvisballetjes, eventueel in gedeelten, tot ze in de olie drijven en goudbruin kleuren. Laat goed uitlekken en serveer onmiddellijk.

Kantonese kreeft

Serveert 4

2 kreeften

30 ml/2 eetlepels olie

15 ml/1 eetlepel zwarte bonensaus

1 teentje knoflook, geperst

1 ui, gehakt

225 g gemalen varkensvlees (gehakt).

45 ml/3 eetlepels sojasaus

5 ml/1 theelepel suiker

zout en versgemalen peper

15 ml / 1 eetlepel maïsmeel (maïszetmeel)

75 ml/5 eetlepels water

1 losgeklopt ei

Breek de kreeften, verwijder het vlees en snijd ze in blokjes van 2,5 cm. Verhit de olie en bak de zwarte bonensaus, knoflook en ui goudbruin. Voeg het varkensvlees toe en bak tot het goudbruin is. Voeg de sojasaus, suiker, zout, peper en kreeft toe, dek af en kook ongeveer 10 minuten. Meng de maïsmeel en het water tot er een pasta ontstaat, doe het in de pan en kook, onder voortdurend roeren, tot de saus helder en dikker wordt. Zet voor het serveren het vuur uit en voeg het ei toe.

Gebakken kreeft

Serveert 4

450 g kreeftenvlees
30 ml/2 eetlepels sojasaus
5 ml/1 theelepel suiker
1 losgeklopt ei
30 ml / 3 eetlepels bloem (universeel).
frituur olie

Snijd het kreeftenvlees in blokjes van 1 inch en breng op smaak met sojasaus en suiker. Laat 15 minuten rusten en laat vervolgens uitlekken. Klop de eieren en de bloem door elkaar, voeg de kreeft toe en meng goed om te coaten. Verhit de olie en bak de kreeft goudbruin. Laat ze voor het serveren uitlekken op keukenpapier.

Gestoomde kreeft met ham

Serveert 4

4 eieren, lichtgeklopt

60 ml/4 eetlepels water

5 ml/1 theelepel zout

15 ml/1 eetlepel sojasaus

450 g vlokken kreeftenvlees

15 ml/1 eetlepel gehakte gerookte ham

15 ml/1 eetlepel gehakte verse peterselie

Klop de eieren los met water, zout en sojasaus. Giet het mengsel in een kom met antiaanbaklaag en bestrooi met het kreeftenvlees. Plaats de kom op het stoomrek, dek af en stoom gedurende 20 minuten tot de eieren gestold zijn. Serveer gegarneerd met ham en peterselie.

Kreeft met champignons

Serveert 4

450 g kreeftenvlees
15 ml / 1 eetlepel maïsmeel (maïszetmeel)
60 ml/4 eetlepels water
30 ml/2 eetlepels arachideolie (pinda's).
4 lente-uitjes (lente-uitjes), in dikke plakjes gesneden
100 g champignons, in plakjes gesneden
2,5 ml/¬Ω theelepel zout
1 teentje knoflook, geperst
30 ml/2 eetlepels sojasaus
15 ml/1 eetlepel rijstwijn of droge sherry

Snijd het kreeftenvlees in blokjes van 2,5 cm. Meng de maïsmeel en het water tot een pasta en voeg de kreeftblokjes toe aan het mengsel zodat het bedekt is. Verhit de helft van de olie en bak de kreeftbeenderen lichtbruin en haal ze vervolgens uit de pan. Verhit de resterende olie en bak de lente-uitjes goudbruin. Voeg de champignons toe en bak ze 3 minuten bruin. Voeg zout, knoflook, sojasaus en wijn of sherry toe en bak gedurende 2 minuten. Doe de kreeft terug in de pan en bak tot hij heet is.

Kreeftstaarten met varkensvlees

Serveert 4

3 gedroogde Chinese paddenstoelen

4 kreeftenstaarten

60 ml/4 eetlepels arachideolie (pinda's).

100 g varkensgehakt (gehakt).

50 g waterkastanjes, fijngehakt

zout en versgemalen peper

2 teentjes knoflook, geperst

45 ml/3 eetlepels sojasaus

30 ml/2 eetlepels rijstwijn of droge sherry

30 ml / 2 eetlepels zwarte bonensaus

10 ml / 2 eetlepels maïsmeel (maïszetmeel)

120 ml / 4 fl oz / ¬Ω kopje water

Week de champignons 30 minuten in warm water en laat ze uitlekken. Verwijder de stelen en hak de hoedjes fijn. Snijd de kreeftenstaarten in de lengte doormidden. Verwijder het vruchtvlees van de kreeftenstaarten en bewaar de schelpen. Verhit de helft van de olie en bak het varkensvlees goudbruin. Haal van het vuur en voeg de champignons, het kreeftenvlees, de waterkastanjes, zout en peper toe. Doe het vlees in de kreeftenschalen en leg het op een bakplaat. Plaats het op het rooster in een stoompan, dek af en stoom ongeveer 20 minuten tot het gaar is. Verhit intussen de resterende olie en fruit de knoflook, sojasaus, wijn of sherry en zwarte bonensaus gedurende 2 minuten. Meng de maïzena en het water tot een deeg ontstaat, doe het in de pan en laat onder voortdurend roeren koken tot de saus dikker wordt. Schik de kreeft op een warme serveerschaal, giet de saus erover en serveer direct.

Gebakken kreeft

Serveert 4

450 g kreeftenstaarten

30 ml/2 eetlepels arachideolie (pinda's).

1 teentje knoflook, geperst

2,5 ml/¬Ω theelepel zout

350 g sojascheuten

50 g champignons

4 lente-uitjes (lente-uitjes), in dikke plakjes gesneden

150 ml / ¬° pt / royale ¬Ω kop kippenbouillon

15 ml / 1 eetlepel maïsmeel (maïszetmeel)

Breng een pan water aan de kook, voeg de kreeftenstaarten toe en kook gedurende 1 minuut. Giet af, laat afkoelen, verwijder de schaal en snijd in dikkere plakjes. Verhit de olie met de knoflook en het zout en bak tot de knoflook licht goudbruin is. Voeg de kreeft toe en bak 1 minuut. Voeg de taugé en champignons toe en bak 1 minuut. Voeg de lente-uitjes toe. Giet het grootste deel van de bouillon erbij, breng aan de kook, dek af en laat 3 minuten koken. Meng het maïzena met de overgebleven bouillon, giet het in de pan en laat onder voortdurend roeren sudderen tot de saus licht wordt en dikker wordt.

Kreeft nesten

Serveert 4

30 ml/2 eetlepels arachideolie (pinda's).

5 ml/1 theelepel zout

1 ui, in dunne plakjes gesneden

100 g champignons, in plakjes gesneden

100 g bamboescheuten, gehakt. 225 g gekookt kreeftenvlees

15 ml/1 eetlepel rijstwijn of droge sherry

120 ml kippenbouillon

een snufje versgemalen peper

10 ml / 2 theelepels maïsmeel (maïszetmeel)

15 ml/1 eetlepel water

4 manden tagliatelle

Verhit de olie en bak het zout en de ui tot ze zacht zijn. Voeg de champignons en bamboescheuten toe en bak 2 minuten. Voeg het kreeftenvlees, de wijn of sherry en de bouillon toe, breng aan de kook, dek af en kook gedurende 2 minuten. Breng op smaak met peper. Meng de maïzena en het water tot een pasta ontstaat, doe het in de pan en kook al roerend tot de saus dikker wordt. Schik de noedelnesten op een warme serveerschaal en garneer met de gebakken kreeft.

Mosselen in zwarte bonensaus

Serveert 4

45 ml/3 eetlepels arachideolie (pinda's).

2 teentjes knoflook, geperst

2 plakjes gemberwortel, gehakt

30 ml / 2 eetlepels zwarte bonensaus

15 ml/1 eetlepel sojasaus

1,5 kg gewassen en baardmosselen

2 lente-uitjes (gesnipperde ui).

Verhit de olie en fruit de knoflook en gember gedurende 30 seconden. Voeg de zwarte bonensaus en de sojasaus toe en roerbak 10 seconden. Voeg de mosselen toe, dek af en kook tot de mosselen opengaan, ongeveer 6 minuten. Gooi alles weg dat gesloten blijft. Breng over naar een warme serveerschaal en serveer, bestrooid met lente-uitjes.

Mosselen met gember

Serveert 4

45 ml/3 eetlepels arachideolie (pinda's).
2 teentjes knoflook, geperst
4 plakjes gemberwortel, gehakt
1,5 kg gewassen en baardmosselen
45 ml/3 eetlepels water
15 ml/1 eetlepel oestersaus

Verhit de olie en fruit de knoflook en gember gedurende 30 seconden. Voeg de mosselen en het water toe, dek af en kook ongeveer 6 minuten tot de mosselen open zijn gegaan. Gooi alles weg dat gesloten blijft. Breng over naar een warme serveerschaal en serveer besprenkeld met oestersaus.

Gestoomde mosselen

Serveert 4

1,5 kg gewassen en baardmosselen
45 ml/3 eetlepels sojasaus
3 lente-uitjes (lente-uitjes), fijngehakt

Leg de mosselen op een stoomrek, dek af en kook in kokend water gedurende ongeveer 10 minuten tot alle mosselen open zijn. Gooi alles weg dat gesloten blijft. Breng over naar een warme serveerschaal en serveer, bestrooid met sojasaus en lente-uitjes.

Gebakken oesters

Serveert 4

24 oesters, gepeld
zout en versgemalen peper
1 losgeklopt ei
50 g / 2 oz / ¬Ω kopje gewone bloem (universeel).
250 ml / 8 fl oz / 1 kopje water
frituur olie
4 lente-uitjes (lente-uitjes), gehakt

Bestrooi de oesters met zout en peper. Klop de eieren met de bloem en het water tot je een mengsel verkrijgt waarmee je de oesters kunt bedekken. Verhit de olie en bak de oesters goudbruin. Laat ze uitlekken op keukenpapier en serveer gegarneerd met lente-uitjes.

Oesters met spek

Serveert 4

175 g spek

24 oesters, gepeld

1 ei, lichtgeklopt

15 ml/1 eetlepel water

45 ml/3 eetlepels arachideolie (pinda's).

2 uien, gehakt

15 ml / 1 eetlepel maïsmeel (maïszetmeel)

15 ml/1 eetlepel sojasaus

90 ml/6 eetlepels kippenbouillon

Snijd het spek in kleine stukjes en wikkel elke oester met een klein stukje. Klop de eieren los met het water en dompel ze in de oesters om ze te bedekken. Verhit de helft van de olie en bak de oesters aan beide kanten goudbruin, haal ze uit de pan en laat het vet uitlekken. Verhit de resterende olie en bak de ui tot ze zacht is. Meng het maizena, de sojasaus en de bouillon tot een pasta, giet het in de pan en kook, onder voortdurend roeren, tot de saus helder en dikker wordt. Giet over de oesters en serveer onmiddellijk.

Gebakken oesters met gember

Serveert 4

24 oesters, gepeld
2 plakjes gemberwortel, gehakt
30 ml/2 eetlepels sojasaus
15 ml/1 eetlepel rijstwijn of droge sherry
4 lente-uitjes (lente-uitjes), in reepjes gesneden
100 g spek
1 ei
50 g / 2 oz / ¬Ω kopje gewone bloem (universeel).
zout en versgemalen peper
frituur olie
1 citroen, in partjes gesneden

Doe de oesters in een kom met de gember, sojasaus en wijn of sherry en roer goed door elkaar. Laat 30 minuten rusten. Leg op elke oester een paar reepjes sjalotjes. Snijd het spek in kleine stukjes en wikkel elke oester met een klein stukje. Klop de eieren en de bloem tot een deeg en breng op smaak met zout en peper. Dompel de oesters in het beslag tot ze goed bedekt zijn. Verhit de olie en bak de oesters goudbruin. Serveer gegarneerd met partjes citroen.

Oesters met zwarte bonensaus

Serveert 4

350 g gepelde oesters
120 ml / 4 fl oz / ¬Ω kopje pindaolie (pindaolie).
2 teentjes knoflook, geperst
3 lente-uitjes (lente-uitjes), in plakjes gesneden
15 ml/1 eetlepel zwarte bonensaus
30 ml/2 eetlepels donkere sojasaus
15 ml/1 eetlepel sesamolie
een snufje chilipeper

Blancheer de oesters 30 seconden in kokend water en laat ze uitlekken. Verhit de olie en bak de knoflook en lente-uitjes gedurende 30 seconden. Voeg de zwarte bonensaus, sojasaus, sesamolie en oesters toe en breng de chili op smaak. Bak tot het heet is en serveer onmiddellijk.

Sint-Jakobsschelpen met bamboescheuten

Serveert 4

60 ml/4 eetlepels arachideolie (pinda's).

6 lente-uitjes (lente-uitjes), gehakt

225 g champignons in vieren gesneden

15 ml/1 eetlepel suiker

450 g gepelde mosselen

2 plakjes gemberwortel, gehakt

225 g bamboescheuten, in plakjes gesneden

zout en versgemalen peper

300 ml / ¬Ω pt / 1 ¬° kopje water

30 ml/2 eetlepels wijnazijn

30 ml / 2 eetlepels maïsmeel (maïszetmeel)

150 ml / ¬° pt / voldoende ¬Ω kopje water

45 ml/3 eetlepels sojasaus

Verhit de olie en bak de lente-uitjes en champignons 2 minuten. Voeg suiker, mosselen, gember, bamboescheuten, zout en peper toe, dek af en kook gedurende 5 minuten. Voeg water en wijnazijn toe, breng aan de kook, dek af en kook gedurende 5 minuten. Meng de maïzena en het water tot een pasta, voeg toe aan de pan en laat onder voortdurend roeren koken tot de saus dikker wordt. Breng op smaak met sojasaus en serveer.

Sint-jakobsschelpen met ei

Serveert 4

45 ml/3 eetlepels arachideolie (pinda's).

350 g gepelde mosselen

25 g gerookte ham, in plakjes gesneden

30 ml/2 eetlepels rijstwijn of droge sherry

5 ml/1 theelepel suiker

2,5 ml/½ theelepel zout

een snufje versgemalen peper

2 eieren, lichtgeklopt

15 ml/1 eetlepel sojasaus

Verhit de olie en bak de mosselen gedurende 30 seconden. Voeg de ham toe en kook, onder voortdurend roeren, gedurende 1 minuut. Voeg de wijn of sherry, suiker, zout en peper toe en bak 1 minuut. Voeg het ei toe en meng voorzichtig op hoog vuur tot de ingrediënten goed bedekt zijn met het ei. Serveer bestrooid met sojasaus.

Sint-jakobsschelpen met broccoli

Serveert 4

350 g Sint-jakobsschelpen, in plakjes gesneden

3 plakjes gemberwortel, gehakt

¬Ω kleine wortel, in plakjes gesneden

1 teentje knoflook, geperst

45 ml / 3 eetlepels bloem (universeel).

2,5 ml / ¬Ω theelepels natriumbicarbonaat (natriumbicarbonaat)

30 ml/2 eetlepels arachideolie (pinda's).

15 ml/1 eetlepel water

1 banaan, in plakjes gesneden

frituur olie

275 g broccoli

zout

5 ml/1 theelepel sesamolie

2,5 ml/¬Ω theelepel chilisaus

2,5 ml/¬Ω theelepel wijnazijn

2,5 ml / ¬Ω theelepel tomatenpuree √ © e (pasta)

Meng de Sint-Jakobsschelpen met de gember, wortelen en knoflook en laat rusten. Meng de bloem, het zuiveringszout, 15 ml/1 eetlepel olie en water tot er een deeg ontstaat en bestrijk de plakjes banaan ermee. Verhit de olie en bak de banaan goudbruin, laat hem uitlekken en schik hem op een warme serveerschaal. Kook ondertussen de broccoli in kokend gezouten water tot ze gaar zijn en laat ze uitlekken. Verhit de resterende olie met de sesamolie en bak de broccoli kort aan. Schik deze vervolgens rond het bord met de bananen. Voeg de chilisaus, wijnazijn en tomatenpuree toe aan de pan en bak de mosselen tot ze gaar zijn. Giet het in een serveerschaal en serveer onmiddellijk.

Sint-Jakobsschelpen met gember

Serveert 4

45 ml/3 eetlepels arachideolie (pinda's).

2,5 ml/¬Ω theelepel zout

3 plakjes gemberwortel, gehakt

2 lente-uitjes (lente-uitjes), in dikke plakjes gesneden

450 g gepelde mosselen, gehalveerd

15 ml / 1 eetlepel maïsmeel (maïszetmeel)

60 ml/4 eetlepels water

Verhit de olie en bak het zout en de gember gedurende 30 seconden. Voeg de lente-ui toe en bak deze goudbruin. Voeg de mosselen toe en bak ze 3 minuten bruin. Meng de maïzena en het water tot een pasta ontstaat, doe het in de pan en kook tot het dikker wordt, onder voortdurend roeren. Serveer onmiddellijk.

Sint-Jakobsschelpen met ham

Serveert 4

450 g gepelde mosselen, gehalveerd
250 ml / 8 fl oz / 1 kopje rijstwijn of droge sherry
1 ui, fijngehakt
2 plakjes gemberwortel, gehakt
2,5 ml/¬Ω theelepel zout
100 g gerookte ham, in plakjes

Doe de mosselen in een kom en voeg de wijn of sherry toe. Dek af en laat 30 minuten marineren, af en toe keren, laat de mosselen uitlekken en gooi de marinade weg. Schik de coquilles samen met de overige ingrediënten in een ovenschaal. Zet de pan op een stoomrek, dek af en kook in kokend water gedurende ongeveer 6 minuten tot de mosselen gaar zijn.

Sint-Jakobsschelpen met gemengde kruiden

Serveert 4

225 g gepelde mosselen

30 ml/2 eetlepels gehakte verse koriander

4 losgeklopte eieren

15 ml/1 eetlepel rijstwijn of droge sherry

zout en versgemalen peper

15 ml/1 eetlepel arachideolie (pinda's).

Doe de sint-jakobsschelpen in de stoompan en kook ze ongeveer 3 minuten, afhankelijk van hun grootte. Haal het uit de stoompan en bestrooi met koriander. Klop de eieren los met wijn of sherry en breng op smaak met peper en zout. Voeg de mosselen en koriander toe. Verhit de olie en bak het ei-jakobsschelpmengsel tot de eieren gaar zijn. Serveer onmiddellijk.

Gebakken mosselen en uien

Serveert 4

45 ml/3 eetlepels arachideolie (pinda's).
1 ui, gehakt
450 g gepelde mosselen, in vieren gesneden
zout en versgemalen peper
15 ml/1 eetlepel rijstwijn of droge sherry

Verhit de olie en bak de ui tot ze zacht is. Voeg de mosselen toe en bak ze onder voortdurend roeren goudbruin. Breng op smaak met peper en zout, besprenkel met wijn of sherry en serveer onmiddellijk.

Sint-jakobsschelpen Met Groenten

Het duurt 4,6

4 gedroogde Chinese champignons
2 uien
30 ml/2 eetlepels arachideolie (pinda's).
3 stengels bleekselderij, diagonaal gesneden
225 g sperziebonen, diagonaal gesneden
10 ml/2 theelepels geraspte gemberwortel
1 teentje knoflook, geperst
20 ml / 4 theelepels maïsmeel (maïszetmeel)
250 ml / 8 fl oz / 1 kop kippenbouillon
30 ml/2 eetlepels rijstwijn of droge sherry
30 ml/2 eetlepels sojasaus
450 g gepelde mosselen, in vieren gesneden
6 lente-uitjes (lente-uitjes), in plakjes gesneden
425 g / 15 oz ingeblikte maïskolven

Week de champignons 30 minuten in warm water en laat ze uitlekken. Verwijder de stelen en hak de hoedjes fijn. Snijd de ui in partjes en scheid de lagen. Verhit de olie en fruit de ui, bleekselderij, bonen, gember en knoflook gedurende 3 minuten. Meng het maïzena met een deel van de bouillon en voeg dan de resterende bouillon, wijn of sherry en sojasaus toe. Voeg toe aan de wok en breng aan de kook, onder voortdurend roeren. Voeg de champignons, mosselen, lente-uitjes en maïs toe en kook, onder voortdurend roeren, tot de mosselen gaar zijn, ongeveer 5 minuten.

Sint-jakobsschelpen Met Paprika

Serveert 4

30 ml/2 eetlepels arachideolie (pinda's).

3 lente-uitjes (lente-uitjes), gehakt

1 teentje knoflook, geperst

2 plakjes gemberwortel, gehakt

2 rode paprika's, in blokjes gesneden

450 g gepelde mosselen

30 ml/2 eetlepels rijstwijn of droge sherry

15 ml/1 eetlepel sojasaus

15 ml/1 eetlepel gele bonensaus

5 ml/1 theelepel suiker

5 ml/1 theelepel sesamolie

Verhit de olie en fruit de lente-ui, knoflook en gember gedurende 30 seconden. Voeg de paprika's toe en bak ze 1 minuut bruin. Voeg de mosselen toe en bak ze gedurende 30 seconden bruin. Voeg vervolgens de overige ingrediënten toe en kook ongeveer 3 minuten, tot de mosselen gaar zijn.

Octopus met taugé

Serveert 4

450 g octopus

30 ml/2 eetlepels arachideolie (pinda's).

15 ml/1 eetlepel rijstwijn of droge sherry

100 g sojascheuten

15 ml/1 eetlepel sojasaus

zout

1 rode chilipeper, gehakt

2 plakjes gemberwortel, gehakt

2 lente-uitjes (gesnipperde ui).

Verwijder de kop, de darmen en het membraan van de inktvis en snijd deze in grote stukken. Knip op elk stuk een kruispatroon. Breng een pan water aan de kook, voeg de calamari toe en kook tot de stukjes opkrullen. Giet vervolgens af en laat uitlekken. Verhit de helft van de olie en bak de octopus snel. Giet de wijn of sherry erbij. Verhit ondertussen de resterende olie en bak de taugé tot ze zacht zijn. Breng op smaak met sojasaus en zout. Schik de chilipeper, gember en lente-ui rond een serveerschaal. Schik de taugé in het midden en plaats de octopus er bovenop. Serveer onmiddellijk.

Gebakken octopus

Serveert 4

50 g 00-meel (voor alle doeleinden).

25 g maïsmeel (maïszetmeel)

2,5 ml/¬Ω theelepel bakpoeder

2,5 ml/¬Ω theelepel zout

1 ei

75 ml/5 eetlepels water

15 ml/1 eetlepel arachideolie (pinda's).
450 g octopus in ringen gesneden
frituur olie

Meng de bloem, maizena, bakpoeder, zout, ei, water en olie tot er een deeg ontstaat. Dompel de octopus in het beslag tot ze goed bedekt zijn. Verhit de olie en bak de octopus met een paar stukjes tegelijk goudbruin. Laat ze voor het serveren uitlekken op keukenpapier.

Octopuspakketten

Serveert 4

8 gedroogde Chinese paddenstoelen
450 g octopus
100 g gerookte ham
100 g tofu
1 losgeklopt ei
15 ml / 1 eetlepel bloem (universeel).
2,5 ml/¬Ω theelepel suiker

2,5 ml/¬Ω theelepel sesamolie
zout en versgemalen peper
8 wontonvellen
frituur olie

Week de champignons 30 minuten in warm water en laat ze uitlekken. Gooi de stengels weg. Maak de inktvis schoon en snijd deze in 8 stukken. Snij de ham en tofu in 8 stukken. Doe ze allemaal in een kom. Meng de eieren met bloem, suiker, sesamolie, zout en peper. Giet de ingrediënten in een kom en meng voorzichtig. Plaats een champignon en een stuk inktvis, ham en tofu net onder het midden van de schil van elke wonton. Vouw de onderste hoek naar binnen, vouw de zijkanten naar binnen, rol vervolgens op en bevochtig de randen met water om ze af te dichten. Verhit de olie en bak de gnocchi in ongeveer 8 minuten goudbruin. Laat goed uitlekken voordat je het serveert.

Gefrituurde inktvis

Serveert 4

45 ml/3 eetlepels arachideolie (pinda's).

225 g octopusringen

1 grote groene paprika, in stukjes gesneden

100 g bamboescheuten, in plakjes gesneden

2 lente-uitjes (lente-uitjes), fijngehakt

1 schijfje gemberwortel, fijngehakt

45 ml/2 eetlepels sojasaus

30 ml/2 eetlepels rijstwijn of droge sherry

15 ml / 1 eetlepel maïsmeel (maïszetmeel)

15 ml/1 eetlepel visbouillon of water

5 ml/1 theelepel suiker

5 ml/1 theelepel wijnazijn

5 ml/1 theelepel sesamolie

zout en versgemalen peper

Verhit 15 ml/1 eetlepel olie en bak de inktvisringen snel goudbruin. Verhit ondertussen in een aparte pan de resterende olie en fruit de paprika, bamboescheuten, lente-uitjes en gember gedurende 2 minuten. Voeg de octopus toe en bak 1 minuut bruin. Roer de sojasaus, wijn of sherry, maizena, bouillon, suiker, wijnazijn en sesamolie erdoor en breng op smaak met zout en peper. Bak tot de saus transparant wordt en dikker wordt.

Gebakken octopus

Serveert 4

45 ml/3 eetlepels arachideolie (pinda's).
3 lente-uitjes (lente-uitjes), in dikke plakjes gesneden
2 plakjes gemberwortel, gehakt
450 g octopus in stukjes gesneden
15 ml/1 eetlepel sojasaus
15 ml/1 eetlepel rijstwijn of droge sherry
5 ml / 1 theelepel maïsmeel (maïszetmeel)
15 ml/1 eetlepel water

Verhit de olie en bak de lente-ui en gember tot ze zacht zijn. Voeg de octopus toe en bak tot hij bedekt is met olie. Voeg de sojasaus en de wijn of sherry toe, dek af en kook gedurende 2 minuten. Meng de maïsmeel en het water tot je een deeg krijgt, doe het in de pan en kook, onder voortdurend roeren, tot de saus is ingedikt en de octopus gaar is.

Octopus met gedroogde paddenstoelen

Serveert 4

50 g gedroogde Chinese champignons

450 g calamaresringen

45 ml/3 eetlepels arachideolie (pinda's).

45 ml/3 eetlepels sojasaus

2 lente-uitjes (lente-uitjes), fijngehakt

1 schijfje gemberwortel, gehakt

225 g bamboescheuten in reepjes gesneden

30 ml / 2 eetlepels maïsmeel (maïszetmeel)

150 ml / ¬° pt / goed ¬Ω kopje visbouillon

Week de champignons 30 minuten in warm water en laat ze uitlekken. Verwijder de stelen en hak de hoedjes fijn. Blancheer de calamaresringen enkele seconden in kokend water. Verhit de olie, voeg de champignons, sojasaus, lente-ui en gember toe en bak 2 minuten. Voeg de inktvis en bamboescheuten toe en bak 2 minuten. Meng het maizena en de bouillon en roer dit door de pan. Kook, onder voortdurend roeren, tot de saus transparant wordt en dikker wordt.

Octopus Met Groenten

Serveert 4

45 ml/3 eetlepels arachideolie (pinda's).

1 ui, gehakt

5 ml/1 theelepel zout

450 g octopus in stukjes gesneden

100 g bamboescheuten, in plakjes gesneden

2 stengels bleekselderij, diagonaal gesneden

60 ml/4 eetlepels kippenbouillon

5 ml/1 theelepel suiker

100 g peultjes (peultjes)

5 ml / 1 theelepel maïsmeel (maïszetmeel)

15 ml/1 eetlepel water

Verhit de olie en bak de ui en het zout goudbruin. Voeg de octopus toe en bak tot hij bedekt is met olie. Voeg de bamboescheuten en de bleekselderij toe en bak 3 minuten. Voeg de bouillon en de suiker toe, breng aan de kook, dek af en laat 3 minuten koken tot de groenten zacht zijn. Voeg de peultjes toe. Meng de maïzena en het water tot een pasta ontstaat, doe het in de pan en kook al roerend tot de saus dikker wordt.

Gestoofd rundvlees met anijs

Serveert 4

30 ml/2 eetlepels arachideolie (pinda's).

450 g biefstuk

1 teentje knoflook, geperst

45 ml/3 eetlepels sojasaus

15 ml/1 eetlepel water

15 ml/1 eetlepel rijstwijn of droge sherry

5 ml/1 theelepel zout

5 ml/1 theelepel suiker

2 teentjes steranijs

Verhit de olie en bak het vlees aan alle kanten bruin. Voeg de rest van de ingrediënten toe, breng aan de kook, dek af en laat ongeveer 45 minuten koken. Draai het vlees dan om, voeg een beetje water toe en als het vlees uitdroogt, voeg dan de sojasaus toe. Laat nog 45 minuten koken tot het vlees gaar is. Verwijder voor het serveren de steranijs.

Rundvlees met asperges

Serveert 4

450 g rundvlees, in blokjes gesneden
30 ml/2 eetlepels sojasaus
30 ml/2 eetlepels rijstwijn of droge sherry
45 ml / 3 eetlepels maïsmeel (maïszetmeel)
45 ml/3 eetlepels arachideolie (pinda's).
5 ml/1 theelepel zout
1 teentje knoflook, geperst
350 g aspergetips
120 ml kippenbouillon
15 ml/1 eetlepel sojasaus

Doe de biefstuk in een kom. Meng de sojasaus, wijn of sherry en 30 ml/2 eetlepels maïzena, giet het over de biefstuk en meng goed. Laat 30 minuten marineren. Verhit de olie met zout en knoflook en bak tot de knoflook licht goudbruin wordt. Voeg het vlees en de marinade toe en bak 4 minuten. Voeg de asperges toe en bak ze 2 minuten in de pan. Voeg de bouillon en de sojasaus toe, breng aan de kook en kook al roerend 3 minuten tot het vlees gaar is. Meng de resterende maïzena met een beetje water of bouillon en voeg toe aan de saus. Kook al roerend een paar minuten tot de saus lichter en dikker wordt.

Rundvlees met bamboescheuten

Serveert 4

45 ml/3 eetlepels arachideolie (pinda's).

1 teentje knoflook, geperst

1 lente-ui (lente-ui), gehakt

1 schijfje gemberwortel, gehakt

225 g mager rundvlees, in reepjes gesneden

100 g bamboescheuten

45 ml/3 eetlepels sojasaus

15 ml/1 eetlepel rijstwijn of droge sherry

5 ml / 1 theelepel maïsmeel (maïszetmeel)

Verhit de olie en bak de knoflook, lente-ui en gember goudbruin. Voeg het vlees toe en bak het in 4 minuten bruin. Voeg de bamboescheuten toe en bak 3 minuten. Voeg de sojasaus, wijn of sherry en maïzena toe en bak 4 minuten.

Rundvlees met bamboescheuten en champignons

Serveert 4

225 g mager rundvlees

45 ml/3 eetlepels arachideolie (pinda's).

1 schijfje gemberwortel, gehakt

100 g bamboescheuten, in plakjes gesneden

100 g champignons, in plakjes gesneden

45 ml/3 eetlepels rijstwijn of droge sherry

5 ml/1 theelepel suiker

10 ml/2 theelepels sojasaus

zout en peper

120 ml runderbouillon

15 ml / 1 eetlepel maïsmeel (maïszetmeel)

30 ml/2 eetlepels water

Snijd het vlees in dunne plakjes tegen de draad in. Verhit de olie en bak de gember hierin een paar seconden. Voeg het vlees toe en bak tot het goudbruin is, onder voortdurend roeren. Voeg de bamboescheuten en champignons toe en roerbak 1 minuut. Voeg wijn of sherry, suiker en sojasaus toe en breng op smaak met zout en peper. Voeg de bouillon toe, breng aan de kook, dek af met een deksel en laat 3 minuten koken. Meng het maizena en het water, giet het in de pan en kook, onder voortdurend roeren, tot de saus dikker wordt.

Chinese rundvleesstoofpot

Serveert 4

45 ml/3 eetlepels arachideolie (pinda's).

900 g biefstuk

1 lente-ui (lente-ui), in plakjes gesneden

1 teentje knoflook, fijngehakt

1 schijfje gemberwortel, gehakt

60 ml/4 eetlepels sojasaus

30 ml/2 eetlepels rijstwijn of droge sherry

5 ml/1 theelepel suiker

5 ml/1 theelepel zout

een snufje peper

750 ml / 1e punt / 3 kopjes kokend water

Verhit de olie en bak het vlees snel aan alle kanten. Voeg lente-uitjes, knoflook, gember, sojasaus, wijn of sherry, suiker, zout en peper toe. Breng aan de kook, onder voortdurend roeren. Voeg het kokende water toe, breng aan de kook, onder voortdurend roeren, dek af en laat ongeveer 2 uur sudderen tot het vlees gaar is.

Rundvlees met taugé

Serveert 4

450 g mager rundvlees, in plakjes gesneden

1 eiwit

30 ml/2 eetlepels arachideolie (pinda's).

15 ml / 1 eetlepel maïsmeel (maïszetmeel)

15 ml/1 eetlepel sojasaus

100 g sojascheuten

25 g zuurkool, gehakt

1 rode chilipeper, gehakt

2 lente-uitjes (gesnipperde ui).

2 plakjes gemberwortel, gehakt

zout

5 ml/1 theelepel oestersaus

5 ml/1 theelepel sesamolie

Meng het vlees met het eiwit, de helft van de olie, maizena en sojasaus en laat 30 minuten rusten. Blancheer de taugé in kokend water gedurende ongeveer 8 minuten tot ze bijna zacht zijn en laat ze uitlekken. Verhit de resterende olie en bak het vlees goudbruin en haal het vervolgens uit de pan. Voeg de kool, chilipeper, gember, zout, oestersaus en sesamolie toe en bak 2 minuten. Voeg de taugé toe en bak 2 minuten. Doe het vlees terug in de pan en bak tot alles goed gemengd en warm is. Serveer onmiddellijk.

Rundvlees met broccoli

Serveert 4

450 g runderbiefstuk, in dunne plakjes gesneden

30 ml / 2 eetlepels maïsmeel (maïszetmeel)

15 ml/1 eetlepel rijstwijn of droge sherry

15 ml/1 eetlepel sojasaus

30 ml/2 eetlepels arachideolie (pinda's).

5 ml/1 theelepel zout

1 teentje knoflook, geperst

225 g broccoliroosjes

150 ml / ¬° pt / voldoende ¬Ω kopje runderbouillon

Doe de biefstuk in een kom. Meng 15 ml/1 el maïzena met wijn of sherry en sojasaus, voeg het vlees toe en laat 30 minuten marineren. Verhit de olie met zout en knoflook en bak tot de knoflook licht goudbruin wordt. Voeg de biefstuk en de marinade toe en bak 4 minuten. Voeg de broccoli toe en bak 3 minuten. Giet de bouillon erbij, breng aan de kook, dek af en laat 5 minuten koken tot de broccoli zacht maar nog knapperig is. Meng de resterende maïzena met een beetje water en voeg toe aan de saus. Kook al roerend tot de saus transparant wordt en dikker wordt.

Sesamvlees met broccoli

Serveert 4

150 g mager rundvlees, in dunne plakjes gesneden

2,5 ml/½ theelepel oestersaus

5 ml / 1 theelepel maïsmeel (maïszetmeel)

5 ml/1 theelepel witte wijnazijn

60 ml/4 eetlepels arachideolie (pinda's).

100 g broccoliroosjes

5 ml/1 theelepel vissaus

2,5 ml/½ theelepel sojasaus

250 ml / 8 fl oz / 1 kopje runderbouillon

30 ml/2 eetlepels sesamzaadjes

Marineer het vlees met oestersaus, 2,5 ml/½ theelepel maïzena, 2,5 ml/½ theelepel wijnazijn en 15 ml/1 eetlepel olie gedurende 1 uur.

Verhit intussen 15 ml/1 el olie, voeg de broccoli, 2,5 ml/½tl vissaus, sojasaus en de resterende wijnazijn toe en bedek het geheel met kokend water. Kook ongeveer 10 minuten tot ze zacht zijn.

Verhit in een aparte pan 30 ml / 2 eetlepels olie en bak het vlees kort bruin. Voeg de bouillon, de resterende maizena en de vissaus toe, breng aan de kook, dek af en laat ongeveer 10 minuten sudderen tot het vlees gaar is. Giet de broccoli af en schik deze op een warme serveerschaal. Bedek met vlees en bestrooi rijkelijk met sesamzaadjes.

Gegrilde biefstuk

Serveert 4

450 g magere biefstuk, in plakjes gesneden
60 ml/4 eetlepels sojasaus
2 teentjes knoflook, geperst
5 ml/1 theelepel zout
2,5 ml / ¬Ω theelepel versgemalen peper
10 ml/2 theelepels suiker

Meng alle ingrediënten en laat 3 uur marineren. Grill of bak (aangebraden) op een hete grill gedurende ongeveer 5 minuten aan elke kant.

Kantonees rundvlees

Serveert 4

30 ml / 2 eetlepels maïsmeel (maïszetmeel)

2 eiwitten stijfgeklopt

450 g biefstuk, in reepjes gesneden

frituur olie

4 stengels bleekselderij, in plakjes gesneden

2 uien, gesneden

60 ml/4 eetlepels water

20 ml/4 theelepels zout

75 ml / 5 eetlepels sojasaus

60 ml/4 eetlepels rijstwijn of droge sherry

30 ml/2 eetlepels suiker

versgemalen peper

Meng de helft van het maizena met het eiwit. Voeg de biefstuk toe en roer om het vlees met het beslag te bedekken. Verhit de olie en bak de biefstuk goudbruin. Haal uit de pan en laat uitlekken op keukenpapier. Verhit 15 ml/1 eetlepel olie en bak de bleekselderij en ui gedurende 3 minuten. Voeg het vlees, water, zout, sojasaus, wijn of sherry en suiker toe en breng op smaak met peper. Breng aan de kook en kook, onder voortdurend roeren, tot de saus dikker wordt.

Rundvlees met wortelen

Serveert 4

30 ml/2 eetlepels arachideolie (pinda's).
450 g mager vlees in blokjes gesneden
2 lente-uitjes (lente-uitjes), in plakjes gesneden
2 teentjes knoflook, geperst
1 schijfje gemberwortel, gehakt
250 ml sojasaus
30 ml/2 eetlepels rijstwijn of droge sherry
30 ml/2 eetlepels bruine suiker
5 ml/1 theelepel zout
600 ml / 1 punt / 2 ¬Ω kopjes water
4 wortels, diagonaal gesneden

Verhit de olie en bak het vlees goudbruin. Giet de overtollige olie af, voeg de lente-ui, knoflook, gember en anijs toe en bak 2 minuten. Voeg de sojasaus, wijn of sherry, suiker en zout toe en meng goed. Voeg water toe, breng aan de kook, dek af met een deksel en kook gedurende 1 uur. Voeg de wortels toe, dek af en kook nog eens 30 minuten. Verwijder het deksel en kook tot de saus is ingekookt.

Rundvlees met cashewnoten

Serveert 4

60 ml/4 eetlepels arachideolie (pinda's).

450 g runderbiefstuk, in dunne plakjes gesneden

8 lente-uitjes (sjalotten), in stukjes gesneden

2 teentjes knoflook, geperst

1 schijfje gemberwortel, gehakt

75 g / 3 oz / ¬œ kopje geroosterde cashewnoten

120 ml / 4 fl oz / ¬Ω kopje water

20 ml / 4 theelepels maïsmeel (maïszetmeel)

20 ml/4 theelepels sojasaus

5 ml/1 theelepel sesamolie

5 ml/1 theelepel oestersaus

5 ml/1 theelepel chilisaus

Verhit de helft van de olie en bak het vlees goudbruin. Haal uit de pan. Verhit de resterende olie en bak de lente-uitjes, knoflook, gember en cashewnoten gedurende 1 minuut. Doe het vlees terug in de pan. Meng de overige ingrediënten en giet het mengsel in de pan. Breng aan de kook en kook, onder voortdurend roeren, tot het mengsel dikker wordt.

Langzaam gegaard rundvlees

Serveert 4

30 ml/2 eetlepels arachideolie (pinda's).
450 g gestoofd rundvlees, in blokjes gesneden
3 plakjes gemberwortel, gehakt
3 wortels, in plakjes gesneden
1 raap, in blokjes gesneden
15 ml / 1 eetlepel zwarte dadels, ontpit
15 ml/1 eetlepel lotuszaden
30 ml / 2 eetlepels tomatenpuree √ © e (pasta)
10 ml/2 eetlepels zout
900 ml / 1¬Ω punten / 3¬œ kopjes runderbouillon
250 ml / 8 fl oz / 1 kopje rijstwijn of droge sherry

Verhit de olie in een grote pan of pan en bak het vlees bruin aan alle kanten.

Rundvlees met bloemkool

Serveert 4

225 g bloemkoolroosjes

frituur olie

225 g rundvlees, in reepjes gesneden

50 g bamboescheuten in reepjes gesneden

10 waterkastanjes, in reepjes gesneden

120 ml kippenbouillon

15 ml/1 eetlepel sojasaus

15 ml/1 eetlepel oestersaus

15 ml / 1 eetlepel tomatenpuree √ © e (pasta)

15 ml / 1 eetlepel maïsmeel (maïszetmeel)

2,5 ml/¬Ω theelepel sesamolie

Blancheer de bloemkool 2 minuten in kokend water en laat ze uitlekken. Verhit de olie en bak de bloemkool goudbruin. Giet ze af en laat ze uitlekken op keukenpapier. Verhit de olie en bak het vlees hierin goudbruin, laat het uitlekken en laat uitlekken. Giet alles behalve 15 ml/1 eetlepel olie erbij en bak de bamboescheuten en waterkastanjes gedurende 2 minuten. Voeg de overige ingrediënten toe, breng aan de kook en kook, onder voortdurend roeren, tot de saus is ingedikt. Doe het vlees en de bloemkool terug in de pan en verwarm lichtjes. Serveer onmiddellijk.

Rundvlees met selderij

Serveert 4

100 g bleekselderij in reepjes gesneden
45 ml/3 eetlepels arachideolie (pinda's).
2 lente-uitjes (gesnipperde ui).
1 schijfje gemberwortel, gehakt
225 g mager rundvlees, in reepjes gesneden
30 ml/2 eetlepels sojasaus
30 ml/2 eetlepels rijstwijn of droge sherry
2,5 ml/¬Ω theelepel suiker
2,5 ml/¬Ω theelepel zout

Blancheer de bleekselderij 1 minuut in kokend water en laat goed uitlekken. Verhit de olie en bak de lente-ui en gember goudbruin. Voeg het vlees toe en bak 4 minuten bruin. Voeg de bleekselderij toe en bak 2 minuten. Voeg sojasaus, wijn of sherry, suiker en zout toe en bak gedurende 3 minuten.

Gebakken Rundvleesplakken Met Selderij

Serveert 4

30 ml/2 eetlepels arachideolie (pinda's).

450 g mager rundvlees in vlokken gesneden

3 stengels bleekselderij, gehakt

1 ui, gehakt

1 lente-ui (lente-ui), in plakjes gesneden

1 schijfje gemberwortel, gehakt

30 ml/2 eetlepels sojasaus

15 ml/1 eetlepel rijstwijn of droge sherry

2,5 ml/¬Ω theelepel suiker

2,5 ml/¬Ω theelepel zout

10 ml / 2 theelepels maïsmeel (maïszetmeel)

30 ml/2 eetlepels water

Verhit de helft van de olie tot deze zeer heet is en bak het vlees gedurende 1 minuut bruin. Haal uit de pan. Verhit de resterende olie en bak de bleekselderij, ui, lente-ui en gember tot ze iets zacht zijn. Doe het vlees terug in de pan met sojasaus, wijn of sherry, suiker en zout, breng aan de kook en bak tot het bruin is, onder voortdurend roeren. Meng de maïzena en het water, voeg toe aan de pan en kook tot de saus dikker wordt. Serveer onmiddellijk.

Rundvleesplakken met kip en selderij

Serveert 4

4 gedroogde Chinese champignons

45 ml/3 eetlepels arachideolie (pinda's).

2 teentjes knoflook, geperst

1 gemberwortel, in plakjes gesneden, gehakt

5 ml/1 theelepel zout

100 g mager rundvlees, in reepjes gesneden

100 g kippenvlees, in reepjes gesneden

2 wortels, in reepjes gesneden

2 stengels bleekselderij in reepjes gesneden

4 lente-uitjes (lente-uitjes), in reepjes gesneden

5 ml/1 theelepel suiker

5 ml/1 theelepel sojasaus

5 ml / 1 theelepel rijstwijn of droge sherry

45 ml/3 eetlepels water

5 ml / 1 theelepel maïsmeel (maïszetmeel)

Week de champignons 30 minuten in warm water en laat ze uitlekken. Verwijder de stelen en hak de hoedjes fijn. Verhit de olie en bak de knoflook, gember en zout goudbruin. Voeg het rundvlees en de kip toe en bak tot ze bruin beginnen te worden. Voeg de bleekselderij, lente-ui, suiker, sojasaus, wijn of sherry en water toe en breng aan de kook. Dek af en kook ongeveer 15 minuten tot het vlees gaar is. Meng de maïzena met een beetje water, voeg toe aan de saus en laat onder voortdurend roeren koken tot de saus dikker wordt.

Rundvlees met chilipeper

Serveert 4

450 g runderpoten in reepjes gesneden
45 ml/3 eetlepels sojasaus
15 ml/1 eetlepel rijstwijn of droge sherry
15 ml/1 eetlepel bruine suiker
15 ml/1 eetlepel fijngehakte gemberwortel
30 ml/2 eetlepels arachideolie (pinda's).
50 g bamboescheuten in luciferstokjes gesneden
1 ui, in reepjes gesneden
1 stengel bleekselderij, in luciferstokjes gesneden
2 rode chilipepers, zonder zaadjes en in reepjes gesneden

120 ml kippenbouillon

15 ml / 1 eetlepel maïsmeel (maïszetmeel)

Doe de biefstuk in een kom. Meng de sojasaus, wijn of sherry, suiker en gember en voeg toe aan de biefstuk. Laat 1 uur marineren. Haal de biefstuk uit de marinade. Verhit de helft van de olie en bak de bamboescheuten, ui, selderij en chilipeper gedurende 3 minuten en haal ze vervolgens uit de pan. Verhit de resterende olie en bak de biefstuk gedurende 3 minuten. Meng de marinade, breng aan de kook en voeg de gebakken groenten toe. Kook al roerend gedurende 2 minuten. Meng de bouillon en het maizena door elkaar en voeg toe aan de pan. Breng aan de kook en kook, onder voortdurend roeren, tot de saus transparant wordt en dikker wordt.

Rundvlees met Chinese kool

Serveert 4

225 g mager rundvlees

30 ml/2 eetlepels arachideolie (pinda's).

350 g paksoi, geraspt

120 ml runderbouillon

zout en versgemalen peper

10 ml / 2 theelepels maïsmeel (maïszetmeel)

30 ml/2 eetlepels water

Snijd het vlees in dunne plakjes tegen de draad in. Verhit de olie en bak het vlees goudbruin. Voeg de paksoi toe en bak tot hij iets zachter is. Giet de bouillon erbij, breng aan de kook en breng op smaak met peper en zout. Dek af en kook gedurende 4 minuten tot het vlees gaar is. Meng het maizena en het water, giet het in de pan en kook, onder voortdurend roeren, tot de saus dikker wordt.

Rundvleeskotelet Suey

Serveert 4

3 stengels bleekselderij, in plakjes gesneden
100 g sojascheuten
100 g broccoliroosjes
60 ml/4 eetlepels arachideolie (pinda's).
3 lente-uitjes (lente-uitjes), gehakt
2 teentjes knoflook, geperst
1 schijfje gemberwortel, gehakt
225 g mager rundvlees, in reepjes gesneden
45 ml/3 eetlepels sojasaus
15 ml/1 eetlepel rijstwijn of droge sherry
5 ml/1 theelepel zout
2,5 ml/¬Ω theelepel suiker
versgemalen peper
15 ml / 1 eetlepel maïsmeel (maïszetmeel)

Blancheer de bleekselderij, taugé en broccoli 2 minuten in kokend water, laat ze uitlekken en droog ze af. Verhit 45 ml/3 eetlepels olie en bak de lente-uitjes, knoflook en gember goudbruin. Voeg het vlees toe en bak 4 minuten bruin. Haal uit de pan. Verhit de resterende olie en bak de groenten hierin gedurende 3 minuten. Voeg het rundvlees, de sojasaus, de wijn of sherry, het zout, de suiker en een snufje peper toe en bak 2 minuten. Los het maïzena op in een beetje water, giet het in de pan en kook, onder voortdurend roeren, tot de saus lichter en dikker wordt.

Rundvlees met komkommer

Serveert 4

450 g runderbiefstuk, in dunne plakjes gesneden
45 ml/3 eetlepels sojasaus
30 ml / 2 eetlepels maïsmeel (maïszetmeel)
60 ml/4 eetlepels arachideolie (pinda's).
2 komkommers, geschild, zonder zaadjes en in plakjes gesneden
60 ml/4 eetlepels kippenbouillon
30 ml/2 eetlepels rijstwijn of droge sherry
zout en versgemalen peper

Doe de biefstuk in een kom. Meng de sojasaus en maizena en voeg toe aan de biefstuk. Laat 30 minuten marineren. Verhit de helft van de olie en bak de komkommers gedurende 3 minuten tot ze glazig zijn. Haal ze vervolgens uit de pan. Verhit de resterende olie en bak de biefstuk goudbruin. Voeg de komkommers toe en bak 2 minuten. Voeg bouillon, wijn of sherry toe en breng op smaak met peper en zout. Breng aan de kook, dek af en kook gedurende 3 minuten.

Beef Chow Mein

Serveert 4

Rumpsteak 750 g / 1 ¬Ω lb

2 uien

45 ml/3 eetlepels sojasaus

45 ml/3 eetlepels rijstwijn of droge sherry

15 ml/1 eetlepel pindakaas

5 ml/1 theelepel citroensap

350 g eierpasta

60 ml/4 eetlepels arachideolie (pinda's).

175 ml kippenbouillon

15 ml / 1 eetlepel maïsmeel (maïszetmeel)

30 ml / 2 eetlepels oestersaus
4 lente-uitjes (lente-uitjes), gehakt
3 stengels bleekselderij, in plakjes gesneden
100 g champignons, in plakjes gesneden
1 groene paprika, in reepjes gesneden
100 g sojascheuten

Verwijder het vet uit het vlees en snijd het weg. Snijd de Parmezaanse kaas kruislings in dunne plakjes. Snijd de ui in partjes en scheid de lagen. Meng 15 ml/1 eetlepel sojasaus met 15 ml/1 eetlepel wijn of sherry, pindakaas en citroensap. Voeg het vlees toe, dek af en laat 1 uur rusten. Kook de tagliatelle in kokend water gedurende ongeveer 5 minuten of tot ze zacht zijn. Goed laten uitlekken. Verhit 15 ml/1 eetlepel olie, voeg 15 ml/1 eetlepel sojasaus en de noedels toe en bak 2 minuten tot ze goudbruin zijn. Breng over naar een verwarmde serveerschaal.

Meng de overgebleven sojasaus en wijn of sherry met de bouillon, maizena en oestersaus. Verhit 15 ml/1 eetlepel olie en bak de ui 1 minuut. Voeg de bleekselderij, champignons, paprika en taugé toe en bak 2 minuten. Haal uit de wok. Verhit de resterende olie en bak het vlees goudbruin. Voeg de bouillon toe, breng aan de kook, dek af met een deksel en laat 3 minuten koken. Doe de groenten terug in de wok en kook al roerend tot ze heet zijn, ongeveer 4 minuten. Giet het mengsel over de tagliatelle en serveer.

Komkommer biefstuk

Serveert 4

450 gram biefstuk
10 ml / 2 theelepels maïsmeel (maïszetmeel)
10 ml/2 theelepels zout
2,5 ml / ¬Ω theelepel versgemalen peper
90 ml/6 eetlepels arachideolie (pinda's).
1 ui, fijngehakt
1 komkommer, geschild en gehakt
120 ml runderbouillon

Snijd de biefstuk in reepjes en vervolgens in dunne plakjes tegen de draad in. Doe het in een kom en voeg het maizena, zout, peper en de helft van de olie toe. Laat 30 minuten marineren. Verhit de resterende olie en bak het vlees en de ui goudbruin. Voeg de komkommers en de bouillon toe, breng aan de kook, dek af en kook gedurende 5 minuten.

Rosbiefcurry

Serveert 4

45 ml/3 eetlepels boter

15 ml/1 eetlepel curry

45 ml / 3 eetlepels bloem (universeel).

375 ml / 13 fl oz / 1¬Ω kopjes melk

15 ml/1 eetlepel sojasaus

zout en versgemalen peper

450 g gekookt gehakt

100 g erwten

2 wortels, gehakt

2 uien, gehakt

225 g gekookte langkorrelige rijst, heet

1 hardgekookt (gekookt) ei, in plakjes gesneden

Smelt de boter, voeg de curry en de bloem toe en kook 1 minuut. Voeg de melk en de sojasaus toe, breng aan de kook en kook, onder voortdurend roeren, gedurende 2 minuten. Breng op smaak met zout en peper. Voeg het rundvlees, de erwten, de wortels en de uien toe en roer goed door de saus. Voeg de rijst toe, doe het mengsel over op een bakplaat en kook in een voorverwarmde oven op 200 ∞ C / 400 ∞ F / gasniveau 6 gedurende 20 minuten tot de groenten gaar zijn. Wij serveren versierde hardgekookte eierschijfjes.

Gemarineerde mosselen

Serveert 4

450 g ingeblikte abalone

45 ml/3 eetlepels sojasaus

30 ml/2 eetlepels wijnazijn

5 ml/1 theelepel suiker

een paar druppels sesamolie

Giet de mosselen af en snij ze in dunne plakjes of in reepjes. Meng de overige ingrediënten door elkaar, giet over de mosselen en meng goed. Dek af en zet 1 uur in de koelkast.

Gestoomde bamboescheuten

Serveert 4

60 ml/4 eetlepels arachideolie (pinda's).
225 g bamboescheuten in reepjes gesneden
60 ml/4 eetlepels kippenbouillon
15 ml/1 eetlepel sojasaus
5 ml/1 theelepel suiker
5 ml / 1 theelepel rijstwijn of droge sherry

Verhit de olie en bak de bamboescheuten gedurende 3 minuten. Combineer de bouillon, sojasaus, suiker en wijn of sherry en voeg toe aan de pan. Dek af en laat 20 minuten sudderen. Laat afkoelen en afkoelen voordat u het serveert.

Kip Met Komkommers

Serveert 4

1 komkommer, geschild en zonder zaadjes
225 g gekookte kip, in kleine stukjes gesneden
5 ml/1 theelepel mosterdpoeder
2,5 ml/½ theelepel zout
30 ml/2 eetlepels wijnazijn

Snijd de komkommer in reepjes en schik deze op een serveerschaal. Kip erop leggen. Meng de mosterd, het zout en de wijnazijn en giet dit vlak voor het serveren over de kip.

Kip Met Sesam

Serveert 4

350 g gekookte kip
120 ml / 4 fl oz / ¬Ω kopje water
5 ml/1 theelepel mosterdpoeder
15 ml/1 eetlepel sesamzaadjes
2,5 ml/¬Ω theelepel zout
Een snufje suiker
45 ml/3 eetlepels gehakte verse koriander
5 lente-uitjes (lente-uitjes), gehakt
¬Ω krop sla, geraspt

Snij de kip in dunne reepjes. Meng voldoende water door de mosterd tot een gladde pasta en voeg dit toe aan de kip. Rooster de sesamzaadjes in een droge pan tot ze lichtbruin zijn, voeg ze toe aan de kip en bestrooi ze met zout en suiker. Voeg de helft van de peterselie en de lente-ui toe en meng goed. Verdeel de sla over een serveerschaal, schep het kipmengsel erop en garneer met de overgebleven peterselie.

Lychee met gember

Serveert 4

1 grote watermeloen, doormidden gesneden en ontpit
450 g lychees uit blik, uitgelekt
5 cm / 2 stengels gember, in plakjes gesneden
een paar muntblaadjes

Vul de watermeloenhelften met lychee en gember, versier met muntblaadjes. Koel voor het serveren.

Kippenvleugels gekookt in rood

Serveert 4

8 kippenvleugels
2 lente-uitjes (gesnipperde ui).
75 ml / 5 eetlepels sojasaus
120 ml / 4 fl oz / ¬Ω kopje water
30 ml/2 eetlepels bruine suiker

Snijd de uiteinden van de kippenvleugels met botten af, gooi ze weg en halveer ze. Doe het samen met de overige ingrediënten in een pan, breng aan de kook, dek af en laat 30 minuten koken. Verwijder het deksel en kook nog eens 15 minuten, waarbij u regelmatig borstelt. Laat afkoelen en bewaar vervolgens in de koelkast voordat u het serveert.

Krabvlees Met Komkommer

Serveert 4

100 g vlokken krabvlees
2 komkommers, geschild en in plakjes gesneden
1 schijfje gemberwortel, gehakt
15 ml/1 eetlepel sojasaus
30 ml/2 eetlepels wijnazijn
5 ml/1 theelepel suiker
een paar druppels sesamolie

Doe het krabvlees en de komkommers in een kom. Meng de overige ingrediënten door elkaar, giet het krabvleesmengsel erover en meng goed. Dek af en zet 30 minuten in de koelkast voordat u het serveert.

gemarineerde champignons

Serveert 4

225 g champignons

30 ml/2 eetlepels sojasaus

15 ml/1 eetlepel rijstwijn of droge sherry

snufje zout

een paar druppels Tabasco

een paar druppels sesamolie

Kook de champignons 2 minuten in kokend water, laat ze uitlekken en droog ze. Doe het in een kom en giet het over de overige ingrediënten. Meng goed en laat afkoelen voordat je het serveert.

Gemarineerde knoflookchampignons

Serveert 4

225 g champignons
3 teentjes knoflook, geperst
30 ml/2 eetlepels sojasaus
30 ml/2 eetlepels rijstwijn of droge sherry
15 ml/1 eetlepel sesamolie
snufje zout

Doe de champignons en knoflook in een vergiet, bedek met kokend water en laat 3 minuten staan. Giet af en droog goed. Meng de overige ingrediënten, bestrijk de champignons met de marinade en laat ze 1 uur marineren.

Garnalen en Bloemkool

Serveert 4

225 g bloemkoolroosjes

100 g gepelde garnalen

15 ml/1 eetlepel sojasaus

5 ml/1 theelepel sesamolie

Kook de bloemkool apart gedurende ongeveer 5 minuten tot hij zacht maar nog steeds knapperig is. Meng met de garnalen, besprenkel met sojasaus en sesamolie en meng. Koel voor het serveren.

Sesamhamsticks

Serveert 4

225 g ham in reepjes gesneden
10 ml/2 theelepels sojasaus
2,5 ml/½ theelepel sesamolie

Verdeel de ham over een serveerschaal. Meng de sojasaus en sesamolie, strooi over de ham en serveer.

Koude tofu

Serveert 4

450 g tofu, in plakjes gesneden
45 ml/3 eetlepels sojasaus
45 ml/3 eetlepels arachideolie (pinda's).
versgemalen peper

Doe de tofu met een paar plakjes tegelijk in een vergiet en dompel hem 40 seconden onder in kokend water, laat hem uitlekken en schik hem op een serveerschaal. We laten het afkoelen. Meng sojasaus en olie, bestrooi de tofu en serveer bestrooid met peper.

Kip Spek

Serveert 4

225 g kip, in zeer dunne plakjes gesneden
75 ml / 5 eetlepels sojasaus
15 ml/1 eetlepel rijstwijn of droge sherry
1 teentje knoflook, geperst
15 ml/1 eetlepel bruine suiker
5 ml/1 theelepel zout
5 ml/1 theelepel gehakte gemberwortel
225 g mager spek in blokjes gesneden
100 g waterkastanjes, in zeer dunne plakjes gesneden
30 ml/2 eetlepels honing

Doe de kip in een kom. Meng 45 ml/3 eetlepels sojasaus met wijn of sherry, knoflook, suiker, zout en gember, giet over de kip en laat ongeveer 3 uur marineren. Rijg de kip, het spek en de kastanjes aan de kebabspiesjes. Meng de resterende sojasaus met honing en verdeel dit met een spies. Grill (toast) onder een hete grill gedurende ongeveer 10 minuten tot ze gaar zijn, draai ze regelmatig om en bedruip ze tijdens het koken met extra kruiden.

Frietjes met kip en banaan

Serveert 4

2 gekookte kipfilets
2 stevige bananen
6 sneetjes brood
4 eieren
120 ml / 4 fl oz / ½ kopje melk
50 g / 2 oz / ½ kopje gewone bloem (universeel).
225 g / 8 oz / 4 kopjes vers paneermeel
frituur olie

Snij de kip in 24 stukken. Schil de bananen en snijd ze in de lengte in vieren. Snijd elk kwart in drieën om 24 stukken te maken. Verwijder de korst van het brood en snijd het in vieren. Klop de eieren en de melk los en bestrijk ze aan één kant van het brood. Leg een stuk kip en een stuk banaan op de met ei bedekte kant van elk stuk brood. Bestuif de vierkanten licht met bloem, bestrijk ze vervolgens met het ei en bedek ze met paneermeel. Voeg het ei en het paneermeel opnieuw toe. Verhit de olie en bak verschillende vierkantjes goudbruin. Laat ze voor het serveren uitlekken op keukenpapier.

Kip met gember en champignons

Serveert 4

225 g kipfiletfilets

5 ml/1 theelepel vijfkruidenpoeder

15 ml / 1 eetlepel bloem (universeel).

120 ml / 4 fl oz / ¬Ω kopje pindaolie (pindaolie).

4 sjalotjes, gehalveerd

1 teentje knoflook, in plakjes gesneden

1 schijfje gemberwortel, gehakt

25 g cashewnoten

5 ml/1 theelepel honing

15 ml/1 eetlepel rijstmeel

75 ml / 5 eetlepels rijstwijn of droge sherry

100 g champignons in vieren gesneden

2,5 ml/¬Ω theelepel kurkuma

6 gele pepers, gehalveerd

5 ml/1 theelepel sojasaus

¬ ¬ limoensap

zout en peper

4 knapperige slablaadjes

Snij de kipfilet diagonaal op de Parmezaanse kaas in dunne reepjes. Bestrooi met vijfkruidenpoeder en haal lichtjes door de bloem. Verhit 15 ml/1 eetlepel olie en bak de kip goudbruin. Haal uit de pan. Verhit nog wat olie en fruit de sjalotten, knoflook, gember en cashewnoten gedurende 1 minuut. Voeg honing toe en roer tot de groenten bedekt zijn. Strooi bloem en voeg wijn of sherry toe. Voeg de champignons, kurkuma en chili toe en kook 1 minuut. Voeg de kip, sojasaus, de helft van het limoensap, zout en peper toe en warm door. Haal uit de pan en houd warm. Verhit nog een beetje olie, voeg de slablaadjes toe en bak ze snel, breng op smaak met zout, peper en het resterende limoensap. Schik de slablaadjes op een warme serveerschaal, schik het vlees en de groenten erop en serveer.

Kip en ham

Serveert 4

225 g kip, in zeer dunne plakjes gesneden
75 ml / 5 eetlepels sojasaus
15 ml/1 eetlepel rijstwijn of droge sherry
15 ml/1 eetlepel bruine suiker
5 ml/1 theelepel gehakte gemberwortel
1 teentje knoflook, geperst
225 g gekookte ham in blokjes gesneden
30 ml/2 eetlepels honing

Doe de kip in een kom met 45 ml/3 eetlepels sojasaus, wijn of sherry, suiker, gember en knoflook. Laat 3 uur marineren. Rijg de kip en de ham aan de kebabspiesjes. Meng de resterende sojasaus met honing en verdeel dit met een spies. Grill (toast) onder een hete grill gedurende ongeveer 10 minuten, draai regelmatig en bedruip met het glazuur tijdens het koken.

Gegrilde kippenlever

Serveert 4

450 g kippenlever

45 ml/3 eetlepels sojasaus

15 ml/1 eetlepel rijstwijn of droge sherry

15 ml/1 eetlepel bruine suiker

5 ml/1 theelepel zout

5 ml/1 theelepel gehakte gemberwortel

1 teentje knoflook, geperst

Blancheer de kippenlevertjes 2 minuten in kokend water en laat ze vervolgens goed uitlekken. Doe het samen met alle overige ingrediënten behalve de olie in een kom en laat het ongeveer 3 uur marineren. Rijg de kippenlever aan de kebabspiesjes en gril (rooster) op een hete grill in ongeveer 8 minuten goudbruin.

Krabballetjes met waterkastanjes

Serveert 4

450 g krabvlees, gehakt

100 g waterkastanjes, gehakt

1 teentje knoflook, geperst

1 cm / ¬Ω gemberwortel, in plakjes gesneden, gemalen

45 ml / 3 eetlepels maïsmeel (maïszetmeel)

30 ml/2 eetlepels sojasaus

15 ml/1 eetlepel rijstwijn of droge sherry

5 ml/1 theelepel zout

5 ml/1 theelepel suiker

3 losgeklopte eieren

frituur olie

Meng alle ingrediënten behalve de olie en vorm er balletjes van. Verhit de olie en bak de krabballetjes goudbruin. Laat goed uitlekken voordat je het serveert.

Bescheiden bedrag

Serveert 4

100 g gepelde garnalen, fijngehakt

225 g mager varkensvlees, fijngehakt

50 g Chinese kool fijngesneden

3 lente-uitjes (lente-uitjes), gehakt

1 losgeklopt ei

30 ml / 2 eetlepels maïsmeel (maïszetmeel)

10 ml/2 theelepels sojasaus

5 ml/1 theelepel sesamolie

5 ml/1 theelepel oestersaus

24 wontonvellen

frituur olie

Roer de garnalen, varkensvlees, kool en lente-ui erdoor. Meng eieren, maizena, sojasaus, sesamolie en oestersaus. Plaats eetlepels van het mengsel in het midden van elk wontonvel. Wikkel de rollen voorzichtig om de vulling, vouw de randen maar laat de bovenkant open. Verhit de olie en bak de dim sum met een paar tegelijk goudbruin. Laat ze goed uitlekken en serveer ze warm.

Kip- en hamrolletjes

Serveert 4

2 kipfilets

1 teentje knoflook, geperst

2,5 ml/¬Ω theelepel zout

2,5 ml / ¬Ω theelepel vijfkruidenpoeder

4 plakjes gekookte ham

1 losgeklopt ei

30 ml/2 eetlepels melk

25 g / 1 oz / ¬° kopje bloem (universeel).

4 eierschalen

frituur olie

Snijd de kipfilet doormidden. Blend ze tot ze heel dun zijn. Meng de knoflook, het zout en het vijfkruidenpoeder en strooi dit over de kip. Leg op elk stuk kip een plakje ham en rol het goed op. Meng eieren en melk. Bebloem de stukken kip lichtjes en meng ze vervolgens door het eimengsel. Leg elk stuk op de huid van een deegroller en bestrijk de randen met het losgeklopte ei. Vouw de zijkanten naar binnen en rol ze vervolgens samen, waarbij je de randen samenknijpt om ze af te dichten. Verhit de olie en bak de rolletjes in ongeveer 5 minuten goudbruin

bruin en gekookt. Laat ze uitlekken op keukenpapier en serveer ze door ze in dikke diagonale plakjes te snijden.

Gebakken authentieke ham

Serveert 4

350 g / 12 ounces / 3 kopjes bloem (voor alle doeleinden).

175 g / 6 oz / ¬œ kopje boter

120 ml / 4 fl oz / ¬Ω kopje water

225 g ham, in plakjes gesneden

100 g gehakte bamboescheuten

2 lente-uitjes (gesnipperde ui).

15 ml/1 eetlepel sojasaus

30 ml/2 eetlepels sesamzaadjes

Doe de bloem in een kom en voeg de boter toe. Meng water tot een pasta. Rol het deeg uit en snijd het in cirkels van 5 cm/2 cm. Meng alle overige ingrediënten behalve de sesamzaadjes en doe op elk wiel een lepel. Bestrijk de randen van het bladerdeeg met water en druk dicht. Bestrijk de buitenkant met water en bestrooi met sesamzaadjes. Bak in een voorverwarmde oven op 180¬∞C / 350¬∞F / gasniveau 4 gedurende 30 minuten.

Pseudo-gerookte vis

Serveert 4

1 zeebaars

3 plakjes gemberwortel, in plakjes gesneden

1 teentje knoflook, geperst

1 lente-ui (lente-ui), in dikke plakjes gesneden

75 ml / 5 eetlepels sojasaus

30 ml/2 eetlepels rijstwijn of droge sherry

2,5 ml/¬Ω theelepel gemalen anijs

2,5 ml/¬Ω theelepel sesamolie

10 ml/2 theelepels suiker

120 ml / 4 fl oz / ¬Ω kopje bouillon

frituur olie

5 ml / 1 theelepel maïsmeel (maïszetmeel)

Schil de vis en snijd hem in plakjes van 5 mm dik. Roer de gember, knoflook, lente-ui, 60 ml/4 el sojasaus, sherry, anijs en sesamolie erdoor. Giet over de vis en kook tot hij gaar is. Laat 2 uur rusten, af en toe roeren.

Giet de marinade af in de pan en dep de vis droog op keukenpapier. Voeg de suiker, de bouillon en de resterende sojasaus toe

marineren, aan de kook brengen en 1 minuut koken. Als je de saus dikker wilt maken, meng dan het maïzena met een beetje koud water, voeg het toe aan de saus en laat het onder voortdurend roeren sudderen tot de saus dikker wordt.

Verhit ondertussen de olie en bak de vis goudbruin. Goed laten uitlekken. Dompel de stukjes vis in de marinade en schik ze op een warme serveerschaal. Serveer warm of koud.

Gestoofde champignons

Serveert 4

12 grote doppen gedroogde paddenstoelen

225 g krabvlees

3 waterkastanjes fijngehakt

2 lente-uitjes (lente-uitjes), fijngehakt

1 eiwit

15 ml / 1 eetlepel maïsmeel (maïszetmeel)

15 ml/1 eetlepel sojasaus

15 ml/1 eetlepel rijstwijn of droge sherry

Week de champignons een nacht in warm water. Uitwringen. Meng de overige ingrediënten en vul de champignonhoedjes. Leg ze op de grill en stoom ze gedurende 40 minuten. Heet opdienen.

Champignons In Oestersaus

Serveert 4

10 gedroogde Chinese paddenstoelen
250 ml / 8 fl oz / 1 kopje runderbouillon
15 ml / 1 eetlepel maïsmeel (maïszetmeel)
30 ml / 2 eetlepels oestersaus
5 ml / 1 theelepel rijstwijn of droge sherry

Week de champignons 30 minuten in warm water, laat ze uitlekken en zet 250 ml van de weekvloeistof opzij. Gooi de stengels weg. Meng 60 ml/4 eetlepels runderbouillon met het maizena tot een pasta. Breng de resterende runderbouillon met de champignons en het champignonvocht aan de kook, dek af en kook gedurende 20 minuten. Haal de champignons met een schuimspaan uit de vloeistof en plaats ze op een warme serveerschaal. Voeg de oestersaus en sherry toe aan de pan en kook al roerend 2 minuten. Voeg de maïzenapasta toe en kook al roerend tot de saus dikker wordt. Giet over de champignons en serveer onmiddellijk.

Varkensrolletjes en salade

Serveert 4

4 gedroogde Chinese champignons
15 ml/1 eetlepel arachideolie (pinda's).
225 g mager varkensvlees, gehakt
100 g gehakte bamboescheuten
100 g waterkastanjes, gehakt
4 lente-uitjes (lente-uitjes), gehakt
175 g krabvlokken
30 ml/2 eetlepels rijstwijn of droge sherry
15 ml/1 eetlepel sojasaus
10 ml / 2 theelepels oestersaus
10 ml / 2 theelepels sesamolie
9 Chinese bladeren

Week de champignons 30 minuten in warm water en laat ze uitlekken. Verwijder de stelen en hak de hoedjes fijn. Verhit de olie en bak het varkensvlees gedurende 5 minuten. Voeg de champignons, bamboescheuten, waterkastanjes, sjalotten en krabvlees toe en bak 2 minuten. Combineer de wijn of sherry, sojasaus, oestersaus en sesamolie en roer in de pan. Haal van het vuur. Blancheer ondertussen de Chinese bladeren gedurende 1 minuut in kokend water

publicatie. Plaats een lepel varkensvleesmengsel in het midden van elk blad, vouw de zijkanten om en rol het op om te serveren.

Gehaktballetjes van varkensvlees en kastanje

Serveert 4

450 g varkensgehakt (gehakt).

50 g champignons, fijngehakt

50 g waterkastanjes, fijngehakt

1 teentje knoflook, geperst

1 losgeklopt ei

30 ml/2 eetlepels sojasaus

15 ml/1 eetlepel rijstwijn of droge sherry

5 ml/1 theelepel gehakte gemberwortel

5 ml/1 theelepel suiker

zout

30 ml / 2 eetlepels maïsmeel (maïszetmeel)

frituur olie

Meng alle ingrediënten behalve de maïzena en vorm er balletjes van. Verdeel het maïszetmeel. Verhit de olie en bak de gehaktballetjes in ongeveer 10 minuten goudbruin. Laat goed uitlekken voordat je het serveert.

Varkensvleesbol

Het duurt 4,6

450 g / 1 pond bloem (alle doeleinden).
500 ml / 17 fl oz / 2 kopjes water
450 g gekookt varkensvlees, gehakt
225 g gepelde garnalen, fijngehakt
4 stengels bleekselderij, gehakt
15 ml/1 eetlepel sojasaus
15 ml/1 eetlepel rijstwijn of droge sherry
15 ml/1 eetlepel sesamolie
5 ml/1 theelepel zout
2 lente-uitjes (lente-uitjes), fijngehakt
2 teentjes knoflook, geperst
1 schijfje gemberwortel, gehakt

Meng de bloem en het water tot je een kneedbaar deeg krijgt en kneed het goed. Dek af en laat 10 minuten rusten. Rol het deeg zo dun mogelijk uit en snijd het in rondjes van 5 cm. Meng alle andere ingrediënten door elkaar. Schep op elke cirkel een lepel van het mengsel, bevochtig de randen en sluit deze tot een halve cirkel. Breng een pan water aan de kook en dompel de gnocchi voorzichtig onder.

Gehaktballetjes van varkensvlees en kalfsvlees

Serveert 4

100 g varkensgehakt (gehakt).
100 g kalfsgehakt (gehakt).
1 plakje spek, fijngehakt (gehakt)
15 ml/1 eetlepel sojasaus
zout en peper
1 losgeklopt ei
30 ml / 2 eetlepels maïsmeel (maïszetmeel)
frituur olie

Meng het gehakt en het spek en breng op smaak met zout en peper. Combineer met het ei, vorm balletjes ter grootte van een walnoot en bestrooi met maïszetmeel. Verhit de olie en bak tot ze goudbruin zijn. Laat goed uitlekken voordat je het serveert.

Vlinder garnalen

Serveert 4

450 g grote gepelde garnalen
15 ml/1 eetlepel sojasaus
5 ml / 1 theelepel rijstwijn of droge sherry
5 ml/1 theelepel gehakte gemberwortel
2,5 ml/¬Ω theelepel zout
2 eieren, losgeklopt
30 ml / 2 eetlepels maïsmeel (maïszetmeel)
15 ml / 1 eetlepel bloem (universeel).
frituur olie

Snijd de garnalen over de rug doormidden en rol ze in een vlindervorm. Meng de sojasaus, wijn of sherry, gember en zout. Giet over de garnalen en laat 30 minuten marineren. Haal uit de marinade en dep droog. Klop de eieren met de maizena en de bloem tot een beslag en dip de garnalen hierin. Verhit de olie en bak de garnalen goudbruin. Laat goed uitlekken voordat je het serveert.

Chinese garnalen

Serveert 4

450 g garnalen zonder schaal
30 ml / 2 eetlepels Worcestershiresaus
15 ml/1 eetlepel sojasaus
15 ml/1 eetlepel rijstwijn of droge sherry
15 ml/1 eetlepel bruine suiker

Doe de garnalen in een kom. Meng de overige ingrediënten, giet over de garnalen en laat 30 minuten marineren. Breng het geheel over naar een bakplaat en bak het in een voorverwarmde oven op 150 ∞C / 300 ∞F / gasniveau 2 gedurende 25 minuten. Serveer warm of koud met de schelpen zodat de gasten er zelf van kunnen genieten.

Drakenwolken

Serveert 4

100 gram kroepoek
frituur olie

Verhit de olie tot zeer heet. Voeg telkens een handvol kroepoek toe en bak een paar seconden tot ze opgezwollen zijn. Haal ze uit de olie, laat ze uitlekken op keukenpapier en bak de koekjes verder.

Krokante garnalen

Serveert 4

450 g gepelde tijgergarnalen

15 ml/1 eetlepel rijstwijn of droge sherry

10 ml/2 theelepels sojasaus

5 ml/1 theelepel vijfkruidenpoeder

zout en peper

90 ml / 6 eetlepels maïsmeel (maïszetmeel)

2 eieren, losgeklopt

100 g paneermeel

arachideolie om te frituren

Breng de garnalen op smaak met wijn of sherry, sojasaus en vijfkruidenpoeder en breng op smaak met peper en zout. Haal ze door de maizena en vervolgens door het losgeklopte ei en het paneermeel. Bak ze een paar minuten in kokende olie tot ze goudbruin zijn, laat ze uitlekken en serveer onmiddellijk.

Garnalen Met Gembersaus

Serveert 4

15 ml/1 eetlepel sojasaus

5 ml / 1 theelepel rijstwijn of droge sherry

5 ml/1 theelepel sesamolie

450 g gepelde garnalen

30 ml/2 eetlepels gehakte verse peterselie

15 ml/1 eetlepel wijnazijn

5 ml/1 theelepel gehakte gemberwortel

Meng sojasaus, wijn of sherry en sesamolie. Giet over de garnalen, dek af en laat 30 minuten marineren. Grill de garnalen een paar minuten tot ze gaar zijn en besprenkel ze met de marinade. Voeg ondertussen de peterselie, wijnazijn en gember toe om bij de garnalen te serveren.

Rolletjes met garnalen en tagliatelle

Serveert 4

50 g eierpasta in stukjes gesneden
15 ml/1 eetlepel arachideolie (pinda's).
50 g mager varkensvlees, fijngehakt
100 g champignons, gehakt
3 lente-uitjes (lente-uitjes), gehakt
100 g gepelde garnalen, fijngehakt
15 ml/1 eetlepel rijstwijn of droge sherry
zout en peper
24 wontonvellen
1 losgeklopt ei
frituur olie

Kook de tagliatelle 5 minuten in kokend water, laat ze uitlekken en snijd ze. Verhit de olie en bak het varkensvlees gedurende 4 minuten. Voeg de champignons en de ui toe en kook al roerend gedurende 2 minuten en haal dan van het vuur. Voeg de garnalen, wijn of sherry en noedels toe en breng op smaak met zout en peper. Giet het mengsel in het midden van elke wontonschaal en bestrijk de randen met losgeklopt ei. Vouw de randen om, rol de wikkels op en plak de randen aan elkaar. Verhit de olie en bak de rolletjes

meerdere tegelijk gedurende ongeveer 5 minuten tot ze goudbruin zijn. Laat ze voor het serveren uitlekken op keukenpapier.

Toast van garnalen

Serveert 4

2 eieren 450 g gepelde garnalen, gehakt
15 ml / 1 eetlepel maïsmeel (maïszetmeel)
1 ui, fijngehakt
30 ml/2 eetlepels sojasaus
15 ml/1 eetlepel rijstwijn of droge sherry
5 ml/1 theelepel zout
5 ml/1 theelepel gehakte gemberwortel
8 sneetjes brood in driehoekjes gesneden
frituur olie

Meng 1 ei met alle andere ingrediënten behalve brood en olie. Giet het mengsel op de brooddriehoekjes en druk ze in de koepel. Bestrijk met het overgebleven ei. Verhit ongeveer 5 cm olie en bak de driehoekjes goudbruin. Laat goed uitlekken voordat je het serveert.

Wontons van varkensvlees en garnalen met zoetzure saus

Serveert 4

120 ml / 4 fl oz / ¬Ω kopje water

60 ml/4 eetlepels wijnazijn

60 ml/4 eetlepels bruine suiker

30 ml / 2 eetlepels tomatenpuree √ © e (pasta)

10 ml / 2 theelepels maïsmeel (maïszetmeel)

25 g gehakte champignons

25 g gepelde garnalen, fijngehakt

50 g mager varkensvlees, gehakt

2 lente-uitjes (gesnipperde ui).

5 ml/1 theelepel sojasaus

2,5 ml/¬Ω theelepel geraspte gemberwortel

1 teentje knoflook, geperst

24 wontonvellen

frituur olie

Meng in een pan het water, wijnazijn, suiker, tomatenpuree en maïszetmeel. Breng aan de kook, onder voortdurend roeren, en kook vervolgens gedurende 1 minuut. Haal van het vuur en houd warm.

Meng champignons, garnalen, varkensvlees, lente-uitjes, sojasaus, gember en knoflook. Plaats een lepel vulling op elk vel, bestrijk de randen met water en druk goed aan. Verhit de olie en bak de wontons met een paar tegelijk goudbruin. Laat ze uitlekken op keukenpapier en serveer warm met zoetzure saus.

Kippen bouillon

Maakt 2 liter / 3½ punten / 8½ kopjes

1,5 kg gekookte of rauwe kippenbotten
450 gram varkensbotten
1 cm/½ gehakte gemberwortel
3 lente-uitjes (lente-uitjes), in plakjes gesneden
1 teentje knoflook, geperst
5 ml/1 theelepel zout
2,25 liter / 4 pt / 10 kopjes water

Breng alle ingrediënten aan de kook, dek af en laat 15 minuten koken. Vet verwijderen. Dek af en kook gedurende anderhalf uur. Filteren, afkoelen en laten uitlekken. In kleine hoeveelheden invriezen of in de koelkast bewaren en binnen 2 dagen gebruiken.

Varkensvleespruiten- en bonensoep

Serveert 4

450 g varkensvlees in blokjes gesneden
1,5 L / 2 1/2 punten / 6 kopjes kippenbouillon
5 plakjes gemberwortel
350 g sojascheuten
15 ml/1 eetlepel zout

Kook het varkensvlees gedurende 10 minuten in kokend water en laat het vervolgens uitlekken. Breng de bouillon aan de kook en voeg het varkensvlees en de gember toe. Dek af en laat 50 minuten sudderen. Voeg de taugé en het zout toe en kook gedurende 20 minuten.

Abalone en champignonsoep

Serveert 4

60 ml/4 eetlepels arachideolie (pinda's).
100 g mager varkensvlees, in reepjes gesneden
225 g mosselen uit blik, in reepjes gesneden
100 g champignons, in plakjes gesneden
2 stengels bleekselderij, in plakjes gesneden
50 g ham in reepjes gesneden
2 uien, gesneden
1,5 L / 2½ punten / 6 kopjes water
30 ml/2 eetlepels wijnazijn
45 ml/3 eetlepels sojasaus
2 plakjes gemberwortel, gehakt
zout en versgemalen peper
15 ml / 1 eetlepel maïsmeel (maïszetmeel)
45 ml/3 eetlepels water

Verhit de olie en bak het varkensvlees, de mosselen, de champignons, de bleekselderij, de ham en de ui gedurende 8 minuten. Voeg water en wijnazijn toe, breng aan de kook, dek af en kook gedurende 20 minuten. Voeg sojasaus, gember, zout en peper toe. Meng de maizena tot je een pasta krijgt van water, giet het in de soep en kook, onder voortdurend roeren, gedurende 5 minuten tot de soep helder wordt en dikker wordt.

Kip- en Aspergesoep

Serveert 4

100 g kip, gehakt

2 eiwitten

2,5 ml / ½ theelepel zout

30 ml / 2 eetlepels maïsmeel (maïszetmeel)

225 g asperges in stukken van 5 cm gesneden

100 g sojascheuten

1,5 L / 2 1/2 punten / 6 kopjes kippenbouillon

100 g champignons

Meng de kip met het eiwit, zout en maïzena en laat 30 minuten rusten. Kook de kip ongeveer 10 minuten in kokend water tot hij gaar is en laat hem vervolgens goed uitlekken. Blancheer de asperges 2 minuten in kokend water en laat ze uitlekken. Blancheer de taugé 3 minuten in kokend water en laat ze vervolgens uitlekken. Giet de bouillon in een grote pan en voeg de kip, asperges, champignons en taugé toe. Breng aan de kook en breng op smaak met zout. Laat een paar minuten koken zodat de smaken zich ontwikkelen en de groenten niet zacht maar toch knapperig zijn.

Rundersoep

Serveert 4

225 g rundergehakt (gemalen).
15 ml/1 eetlepel sojasaus
15 ml/1 eetlepel rijstwijn of droge sherry
15 ml / 1 eetlepel maïsmeel (maïszetmeel)
1,2 L/2 punten/5 kopjes kippenbouillon
5 ml/1 theelepel chilisaus
zout en peper
2 eieren, losgeklopt
6 lente-uitjes (lente-uitjes), gehakt

Meng het vlees met sojasaus, wijn of sherry en maizena. Voeg toe aan de bouillon en breng onder voortdurend roeren aan de kook. Voeg de chilisaus toe en breng op smaak met peper en zout, dek af en laat ongeveer 10 minuten koken, af en toe roeren. Roer de eieren erdoor en serveer bestrooid met lente-uitjes.

Chinese rundvlees- en bladsoep

Serveert 4

200 g mager rundvlees, in reepjes gesneden
15 ml/1 eetlepel sojasaus
15 ml/1 eetlepel arachideolie (pinda's).
1,5 L / 2 1/2 punten / 6 kopjes runderbouillon
5 ml/1 theelepel zout
2,5 ml/½ theelepel suiker
½ kop Chinese bladeren in stukjes gesneden

Meng het vlees met sojasaus en olie en laat 30 minuten marineren, af en toe roeren. Breng de bouillon met zout en suiker aan de kook, voeg de Chinese bladeren toe en kook ongeveer 10 minuten tot ze bijna gaar zijn. Voeg het vlees toe en laat nog 5 minuten sudderen.

Koolsoep

Serveert 4

60 ml/4 eetlepels arachideolie (pinda's).

2 uien, gehakt

100 g mager varkensvlees, in reepjes gesneden

225 g paksoi, geraspt

10 ml/2 theelepels suiker

1,2 L/2 punten/5 kopjes kippenbouillon

45 ml/3 eetlepels sojasaus

zout en peper

15 ml / 1 eetlepel maïsmeel (maïszetmeel)

Verhit de olie en bak de ui en het varkensvlees goudbruin. Voeg de kool en de suiker toe en bak 5 minuten, onder voortdurend roeren. Voeg de bouillon en de sojasaus toe en breng op smaak met peper en zout. Breng aan de kook, dek af en kook gedurende 20 minuten. Los het maïzena op in een beetje water, voeg het toe aan de soep en kook, onder voortdurend roeren, tot de soep dikker en transparant wordt.

Pittige rundvleessoep

Serveert 4

45 ml/3 eetlepels arachideolie (pinda's).

1 teentje knoflook, geperst

5 ml/1 theelepel zout

225 g rundergehakt (gemalen).

6 lente-uitjes (lente-uitjes), in reepjes gesneden

1 rode paprika, in reepjes gesneden

1 groene paprika, in reepjes gesneden

225 g kool, gehakt

1 L runderbouillon

30 ml/2 eetlepels pruimensaus

30 ml/2 eetlepels hoisinsaus

45 ml/3 eetlepels sojasaus

2 stuks geschilde gember, gehakt

2 eieren

5 ml/1 theelepel sesamolie

225 g heldere tagliatelle, geweekt

Verhit de olie en bak de knoflook en het zout goudbruin. Voeg het vlees toe en bak het snel bruin. Voeg de groenten toe en bak tot ze glazig zijn. Voeg bouillon, pruimensaus, hoisinsaus, 30 ml/2 toe

eetlepels sojasaus en gember, breng aan de kook en kook gedurende 10 minuten. Klop de eieren los met de sesamolie en de resterende sojasaus. Voeg toe aan de noedelsoep en kook, onder voortdurend roeren, tot de eieren slierten vormen en de noedels gaar zijn.

Hemelse soep

Serveert 4

2 lente-uitjes (gesnipperde ui).

1 teentje knoflook, geperst

30 ml/2 eetlepels gehakte verse peterselie

5 ml/1 theelepel zout

15 ml/1 eetlepel arachideolie (pinda's).

30 ml/2 eetlepels sojasaus

1,5 L / 2½ punten / 6 kopjes water

Meng lente-uitjes, knoflook, peterselie, zout, olie en sojasaus. Breng het water aan de kook, giet het lente-uimengsel erover en laat het 3 minuten rusten.

Soep met kip en bamboescheuten

Serveert 4

2 kippendijen

30 ml/2 eetlepels arachideolie (pinda's).

5 ml / 1 theelepel rijstwijn of droge sherry

1,5 L / 2 1/2 punten / 6 kopjes kippenbouillon

3 lente-uitjes, in plakjes gesneden

100 g bamboescheuten, in stukjes gesneden

5 ml/1 theelepel gehakte gemberwortel

zout

Ontbeen de kip en snijd het vlees in kleine stukjes. Verhit de olie en bak de kip aan alle kanten bruin. Voeg de bouillon, sjalotten, bamboescheuten en gember toe, breng aan de kook en kook ongeveer 20 minuten tot de kip gaar is. Breng op smaak met zout voordat je het serveert.

Kip- en maïssoep

Serveert 4

1 L kippenbouillon
100 g kippenvlees, gehakt
200 g geroomde maïs
snijd de ham, snijd hem
geklopte eieren
15 ml/1 eetlepel rijstwijn of droge sherry

Breng de bouillon en de kip aan de kook, dek af en kook gedurende 15 minuten. Voeg de zoete maïs en de ham toe, dek af en kook gedurende 5 minuten. Voeg de eieren en de sherry toe en roer langzaam met een roerder om eierstrengen te vormen. Haal van het vuur, dek af en laat 3 minuten rusten voordat je het serveert.

Kip- en Gembersoep

Serveert 4

4 gedroogde Chinese champignons
1,5 L / 2 ½ punten / 6 kopjes water of kippenbouillon
225 g kippenvlees, in blokjes gesneden
10 plakjes gemberwortel
5 ml / 1 theelepel rijstwijn of droge sherry
zout

Week de champignons 30 minuten in warm water en laat ze uitlekken. Gooi de stengels weg. Breng het water of de bouillon met de overige ingrediënten aan de kook en kook ongeveer 20 minuten, tot de kip helemaal gaar is.

Kippensoep met Chinese champignons

Serveert 4

25 g gedroogde Chinese champignons
100 g kip, gehakt
50 g geraspte bamboescheuten
30 ml/2 eetlepels sojasaus
30 ml/2 eetlepels rijstwijn of droge sherry
1,2 L/2 punten/5 kopjes kippenbouillon

Week de champignons 30 minuten in warm water en laat ze uitlekken. Verwijder de stelen en hak de hoedjes fijn. Blancheer de champignons, kip en bamboescheuten 30 seconden in kokend water en laat ze uitlekken. Doe ze in een kom en voeg de sojasaus en de wijn of sherry toe. Laat 1 uur marineren. Breng de bouillon aan de kook, voeg het kippenmengsel en de marinade toe. Meng goed en kook een paar minuten tot de kip goed gaar is.

Kip- en Rijstsoep

Serveert 4

1 L kippenbouillon

225 g / 8 oz / 1 kopje gekookte langkorrelige rijst

100 g gekookte kip in reepjes gesneden

1 ui, in partjes gesneden

5 ml/1 theelepel sojasaus

Verwarm alle ingrediënten samen tot ze heet zijn, zonder de soep te laten koken.

Kip- en Kokossoep

Serveert 4

350 g kipfilet

zout

10 ml / 2 theelepels maïsmeel (maïszetmeel)

30 ml/2 eetlepels arachideolie (pinda's).

1 groene chilipeper, fijngehakt

1 L / 1¾ pt / 4¼ kopjes kokosmelk

5 ml/1 theelepel geraspte citroenschil

12 lychees

een snufje geraspte nootmuskaat

zout en versgemalen peper

2 blaadjes citroenmelisse

Snij de kipfilet diagonaal op de Parmezaanse kaas in reepjes. Breng op smaak met zout en bestrooi met maizena. Verhit 10 ml/2 theelepels olie in een wok, roer en giet. Herhaal nog een keer. Verhit de resterende olie en bak de kip en de chili 1 minuut. Voeg de kokosmelk toe en breng aan de kook. Voeg de citroenschil toe en kook 5 minuten. Voeg de lychee toe, breng op smaak met nootmuskaat, zout en peper en serveer gegarneerd met citroenmelisse.

Tweekleppige schelpdierensoep

Serveert 4

2 gedroogde Chinese champignons
12 mosselen, geweekt en gewassen
1,5 L / 2 1/2 punten / 6 kopjes kippenbouillon
50 g geraspte bamboescheuten
50 g peultjes (erwten), gehalveerd
2 lente-uitjes (lente-uitjes), in ringen gesneden
15 ml/1 eetlepel rijstwijn of droge sherry
een snufje versgemalen peper

Week de champignons 30 minuten in warm water en laat ze uitlekken. Verwijder de stelen en halveer de hoedjes. Kook de mosselen ongeveer 5 minuten met stoom, totdat ze opengaan; gooi degenen die gesloten blijven weg. Haal de mosselen uit de schelp. Breng de bouillon aan de kook en voeg de champignons, bamboescheuten, peultjes en lente-uitjes toe. Kook onafgedekt gedurende 2 minuten. Voeg de mosselen, wijn of sherry en peper toe en kook tot ze warm zijn.

Eiersoep

Serveert 4

*1,2 L/2 punten/5 kopjes kippenbouillon
3 losgeklopte eieren
45 ml/3 eetlepels sojasaus
zout en versgemalen peper
4 lente-uitjes (lente-uitjes), in plakjes gesneden*

Breng de bouillon aan de kook. Klop geleidelijk de losgeklopte eieren erdoor, zodat ze in strengen worden gescheiden. Voeg de sojasaus toe en breng op smaak met peper en zout. Serveer gegarneerd met lente-uitjes.

Krab- en Sint-jakobsschelpsoep

Serveert 4

4 gedroogde Chinese champignons

15 ml/1 eetlepel arachideolie (pinda's).

1 losgeklopt ei

1,5 L / 2 1/2 punten / 6 kopjes kippenbouillon

175 g krabvlokken

100 g gepelde mosselen, in plakjes gesneden

100 g bamboescheuten, in plakjes gesneden

2 lente-uitjes (gesnipperde ui).

1 schijfje gemberwortel, gehakt

wat gekookte en gepelde garnalen (optioneel)

45 ml / 3 eetlepels maïsmeel (maïszetmeel)

90 ml/6 eetlepels water

30 ml/2 eetlepels rijstwijn of droge sherry

20 ml/4 theelepels sojasaus

2 eiwitten

Week de champignons 30 minuten in warm water en laat ze uitlekken. Verwijder de steel en snijd de hoedjes in dunne plakjes. Verhit de olie, voeg het ei toe en kantel de pan zodat het ei de bodem bedekt. Kook tot passeer door een zeef, draai en bak aan de andere kant. Haal het uit de pan, rol het op en snijd het in dunne reepjes.

Breng de bouillon aan de kook, voeg de champignons, eierreepjes, krabvlees, mosselen, bamboescheuten, sjalotten, gember en eventueel de garnalen toe. Breng opnieuw aan de kook. Meng de maïzena met 60 ml/4 eetlepels water, wijn of sherry en sojasaus en roer door de soep. Kook al roerend tot de soep dikker wordt. Klop de eiwitten met het resterende water stijf en giet het mengsel langzaam onder krachtig roeren bij de soep.

Krab soep

Serveert 4

90 ml/6 eetlepels arachideolie (pinda's).
3 uien, gehakt
225 g wit en bruin krabvlees
1 schijfje gemberwortel, gehakt
1,2 L/2 punten/5 kopjes kippenbouillon
150 ml / ¼ pt / kopje rijstwijn of droge sherry
45 ml/3 eetlepels sojasaus
zout en versgemalen peper

Verhit de olie en bak de ui tot ze zacht, maar niet goudbruin is. Voeg het krabvlees en de gember toe en bak 5 minuten. Voeg bouillon, wijn of sherry en sojasaus toe, breng op smaak met zout en peper. Breng aan de kook en laat vervolgens 5 minuten doorkoken.

Vissoep

Serveert 4

225 g visfilet

1 schijfje gemberwortel, gehakt

15 ml/1 eetlepel rijstwijn of droge sherry

30 ml/2 eetlepels arachideolie (pinda's).

1,5 L / 2 ½ punten / 6 kopjes visbouillon

Snijd de vis in dunne reepjes tegen de huid. Meng de gember, wijn of sherry en olie, voeg de vis toe en meng voorzichtig. Laat 30 minuten marineren, af en toe roeren. Breng de bouillon aan de kook, voeg de vis toe en kook 3 minuten.

Vissoep en hoofd

Serveert 4

225 g witte visfilet

30 ml / 2 eetlepels bloem (universeel).

zout en versgemalen peper

90 ml/6 eetlepels arachideolie (pinda's).

6 lente-uitjes (lente-uitjes), in plakjes gesneden

100 g sla, gesneden

1,2 L/2 pt/5 kopjes water

10 ml / 2 theelepels fijngehakte gemberwortel

150 ml/¼ pt/½ royale kop rijstwijn of droge sherry

30 ml / 2 eetlepels maïsmeel (maïszetmeel)

30 ml/2 eetlepels gehakte verse peterselie

10 ml/2 theelepels citroensap

30 ml/2 eetlepels sojasaus

Snijd de vis in dunne reepjes en bestrooi hem met gearomatiseerde bloem. Verhit de olie en bak de lente-ui tot ze zacht is. Voeg de sla toe en bak 2 minuten. Voeg de vis toe en kook 4 minuten. Voeg het water, de gember en de wijn of sherry toe, breng aan de kook, dek af en kook gedurende 5 minuten.

Meng de maïzena met een beetje water en voeg dit toe aan de soep. Kook al roerend nog 4 minuten tot het een soep is

lichter maken en op smaak brengen met peper en zout. Serveer bestrooid met peterselie, citroensap en sojasaus.

Gembersoep met dumplings

Serveert 4

5 cm / 2 stuks gemberwortel, geraspt

350 g bruine suiker

1,5 L / 2½ punten / 7 kopjes water

225 g / 8 oz / 2 kopjes rijstmeel

2,5 ml / ½ theelepel zout

60 ml/4 eetlepels water

Doe de gember, suiker en water in een pan en breng onder voortdurend roeren aan de kook. Dek af en kook ongeveer 20 minuten. Zeef de soep en doe hem terug in de pan.

Doe ondertussen de bloem en het zout in een kom en meng ze beetje bij beetje met voldoende water tot een dik mengsel ontstaat. Vorm balletjes en giet de gnocchi in de soep. Breng de soep weer aan de kook, dek af en laat nog 6 minuten koken tot de gnocchi gaar zijn.

Hete en zure soep

Serveert 4

8 gedroogde Chinese paddenstoelen
1 L kippenbouillon
100 g kippenvlees, in reepjes gesneden
100 g bamboescheuten in reepjes gesneden
100 g tofu in reepjes gesneden
15 ml/1 eetlepel sojasaus
30 ml/2 eetlepels wijnazijn
30 ml / 2 eetlepels maïsmeel (maïszetmeel)
2 eieren, losgeklopt
een paar druppels sesamolie

Week de champignons 30 minuten in warm water en laat ze uitlekken. Verwijder de stelen en snijd de hoedjes in reepjes. Breng de champignons, bouillon, kip, bamboescheuten en tofu aan de kook, dek af en laat 10 minuten koken. Meng de sojasaus, wijnazijn en maïzena tot een gladde massa, voeg toe aan de soep en kook 2 minuten tot de soep glazig is. Voeg langzaam het ei en de sesamolie toe en meng met een stok. Dek af en laat 2 minuten rusten alvorens te serveren.

Champignonsoep

Serveert 4

15 gedroogde Chinese paddenstoelen
1,5 L / 2 1/2 punten / 6 kopjes kippenbouillon
5 ml/1 theelepel zout

Week de champignons 30 minuten in warm water, laat ze uitlekken en bewaar het vocht. Verwijder de steel en snijd, als ze groot zijn, de hoeden doormidden en doe ze in een grote hittebestendige kom. Plaats de kom op het stoomrek. Breng de bouillon aan de kook, giet deze over de champignons, dek af en kook gedurende 1 uur in kokend water. Breng op smaak met zout en serveer.

Champignon- en koolsoep

Serveert 4

25 g gedroogde Chinese champignons
15 ml/1 eetlepel arachideolie (pinda's).
50 g Chinese bladeren, gehakt
15 ml/1 eetlepel rijstwijn of droge sherry
15 ml/1 eetlepel sojasaus
1,2 L / 2 punten / 5 kopjes kippen- of groentebouillon
zout en versgemalen peper
5 ml/1 theelepel sesamolie

Week de champignons 30 minuten in warm water en laat ze uitlekken. Verwijder de stelen en hak de hoedjes fijn. Verhit de olie en bak de champignons en Chinese bladeren gedurende 2 minuten tot ze goed bedekt zijn. Blus af met wijn of sherry en sojasaus en voeg vervolgens de bouillon toe. Breng aan de kook, breng op smaak met peper en zout en laat 5 minuten koken. Bestrijk ze voor het serveren met sesamolie.

Champignon eiersoep

Serveert 4

1 L kippenbouillon

30 ml / 2 eetlepels maïsmeel (maïszetmeel)

100 g champignons, in plakjes gesneden

1 schijfje ui, fijngehakt

snufje zout

3 druppels sesamolie

2,5 ml/½ theelepel sojasaus

1 losgeklopt ei

Meng een beetje bouillon met het maizena en meng vervolgens alle ingrediënten behalve het ei. Breng aan de kook, dek af en kook gedurende 5 minuten. Voeg het ei toe, meng met een stokje zodat het ei touwtjes vormt. Haal van het vuur en laat 2 minuten rusten voordat je het serveert.

Champignon-kastanjesoep op waterbasis

Serveert 4

1 l / 1¾ pt / 4¼ kopjes groentebouillon of water
2 uien, fijngehakt
5 ml / 1 theelepel rijstwijn of droge sherry
30 ml/2 eetlepels sojasaus
225 g champignons
100 g waterkastanjes, in plakjes gesneden
100 g bamboescheuten, in plakjes gesneden
een paar druppels sesamolie
2 blaadjes sla, in stukjes gesneden
2 lente-uitjes (lente-uitjes), in stukjes gesneden

Breng het water, de ui, de wijn of sherry en de sojasaus aan de kook, dek af en kook gedurende 10 minuten. Voeg de champignons, waterkastanjes en bamboescheuten toe, dek af en kook gedurende 5 minuten. Voeg de sesamolie, slablaadjes en lente-ui toe, haal van het vuur, dek af en laat 1 minuut rusten voordat je het serveert.

Varkensvlees- en Champignonsoep

Serveert 4

60 ml/4 eetlepels arachideolie (pinda's).

1 teentje knoflook, geperst

2 uien, gesneden

225 g mager varkensvlees, in reepjes gesneden

1 stengel bleekselderij, gehakt

50 g champignons, in plakjes gesneden

2 wortels, in plakjes gesneden

1,2 L / 2 punten / 5 kopjes runderbouillon

15 ml/1 eetlepel sojasaus

zout en versgemalen peper

15 ml / 1 eetlepel maïsmeel (maïszetmeel)

Verhit de olie en bak de knoflook, ui en varkensvlees tot de ui zacht en lichtbruin is. Voeg de bleekselderij, champignons en wortels toe, dek af en laat 10 minuten sudderen. Breng de bouillon aan de kook, voeg deze toe aan de pan met de sojasaus en breng op smaak met zout en peper. Meng het maïzena met een beetje water, giet het in de pan en laat het ongeveer 5 minuten koken, onder voortdurend roeren.

Soep van varkensvlees en waterkers

Serveert 4

1,5 L / 2 1/2 punten / 6 kopjes kippenbouillon
100 g mager varkensvlees, in reepjes gesneden
3 stengels bleekselderij, diagonaal gesneden
2 lente-uitjes (lente-uitjes), in plakjes gesneden
1 bosje waterkers
5 ml/1 theelepel zout

Breng de bouillon aan de kook, voeg het varkensvlees en de bleekselderij toe, dek af en kook gedurende 15 minuten. Voeg de lente-ui, waterkers en zout toe en laat onafgedekt ongeveer 4 minuten koken.

Varkensvlees-komkommersoep

Serveert 4

100 g mager varkensvlees, in dunne plakjes gesneden
5 ml / 1 theelepel maïsmeel (maïszetmeel)
15 ml/1 eetlepel sojasaus
15 ml/1 eetlepel rijstwijn of droge sherry
1 komkommer
1,5 L / 2 1/2 punten / 6 kopjes kippenbouillon
5 ml/1 theelepel zout

Roer het varkensvlees, maizena, sojasaus en wijn of sherry erdoor. Gooi om het varkensvlees te bedekken. Schil de komkommer, snijd hem in de lengte doormidden en verwijder vervolgens de zaadlijsten. Grof hakken. Breng de bouillon aan de kook, voeg het varkensvlees toe, dek af met een deksel en kook gedurende 10 minuten. Voeg de komkommer toe en kook een paar minuten tot hij glazig is. Breng op smaak met zout en voeg naar smaak nog wat sojasaus toe.

Soep met gehaktballetjes en tagliatelle

Serveert 4

50 g rijstnoedels

225 g gemalen varkensvlees (gehakt).

5 ml / 1 theelepel maïsmeel (maïszetmeel)

2,5 ml / ½ theelepel zout

30 ml/2 eetlepels water

1,5 L / 2 1/2 punten / 6 kopjes kippenbouillon

1 lente-ui (lente-ui), fijngehakt

5 ml/1 theelepel sojasaus

Terwijl je de gehaktballetjes klaarmaakt, week je de tagliatelle in koud water. Meng het varkensvlees, het maizena, een beetje zout en water en vorm er balletjes ter grootte van een walnoot van. Breng een pan water aan de kook, doe de varkensgehaktballetjes erin, dek af en laat 5 minuten koken. Laat goed uitlekken en laat de tagliatelle uitlekken. Breng de bouillon aan de kook, voeg de varkensgehaktballetjes en noedels toe, dek af en laat 5 minuten sudderen. Voeg de sjalotten, sojasaus en het resterende zout toe en kook nog 2 minuten.

Spinazie-Tofu-soep

Serveert 4

1,2 L/2 punten/5 kopjes kippenbouillon
200 g tomaten uit blik, uitgelekt en in stukjes gesneden
225 g tofu, in blokjes gesneden
225 g spinazie, gehakt
30 ml/2 eetlepels sojasaus
5 ml/1 theelepel bruine suiker
zout en versgemalen peper

Breng de bouillon aan de kook, voeg dan de tomaten, tofu en spinazie toe en roer voorzichtig. Breng opnieuw aan de kook en kook gedurende 5 minuten. Voeg de sojasaus en de suiker toe en breng op smaak met peper en zout. Kook gedurende 1 minuut voordat u het serveert.

Zoete maïs- en krabsoep

Serveert 4

1,2 L/2 punten/5 kopjes kippenbouillon
200 g suikermaïs
zout en versgemalen peper
1 losgeklopt ei
200 g krabvlokken
3 sjalotten, gehakt

Breng de bouillon aan de kook, voeg de maïs toe en breng op smaak met zout en peper. Kook gedurende 5 minuten. Giet vlak voor het serveren het ei er met een vork over en meng het door de soep. Serveer met krabvlees en gehakte sjalotjes.

Sichuan-soep

Serveert 4

4 gedroogde Chinese champignons

1,5 L / 2 1/2 punten / 6 kopjes kippenbouillon

75 ml/5 eetlepels droge witte wijn

15 ml/1 eetlepel sojasaus

2,5 ml/½ theelepel chilisaus

30 ml / 2 eetlepels maïsmeel (maïszetmeel)

60 ml/4 eetlepels water

100 g mager varkensvlees, in reepjes gesneden

50 g gekookte ham in reepjes gesneden

1 rode paprika, in reepjes gesneden

50 g waterkastanjes, in plakjes gesneden

10 ml/2 theelepels wijnazijn

5 ml/1 theelepel sesamolie

1 losgeklopt ei

100 g gepelde garnalen

6 lente-uitjes (lente-uitjes), gehakt

175 g tofu, in blokjes gesneden

Week de champignons 30 minuten in warm water en laat ze uitlekken. Verwijder de stelen en hak de hoedjes fijn. Breng bouillon, wijn, soja mee

salsa en chilisaus breng aan de kook, dek af en kook gedurende 5 minuten. Meng de maïzena met de helft van het water en voeg dit toe aan de soep en roer tot de soep dikker wordt. Voeg de champignons, varkensvlees, ham, paprika en waterkastanjes toe en kook 5 minuten. Meng de wijnazijn en sesamolie. Klop de eieren los met het resterende water en giet ze onder krachtig roeren bij de soep. Voeg de garnalen, lente-uitjes en tofu toe en kook een paar minuten om door te warmen.

Tofu-soep

Serveert 4

1,5 L / 2 1/2 punten / 6 kopjes kippenbouillon
225 g tofu, in blokjes gesneden
5 ml/1 theelepel zout
5 ml/1 theelepel sojasaus

Breng de bouillon aan de kook en voeg de tofu, het zout en de sojasaus toe. Laat een paar minuten koken tot de tofu heet is.

Tofu en vissoep

Serveert 4

225 g witte visfilets, in reepjes gesneden
150 ml/¼ pt/½ royale kop rijstwijn of droge sherry
10 ml / 2 theelepels fijngehakte gemberwortel
45 ml/3 eetlepels sojasaus
2,5 ml / ½ theelepel zout
60 ml/4 eetlepels arachideolie (pinda's).
2 uien, gehakt
100 g champignons, in plakjes gesneden
1,2 L/2 punten/5 kopjes kippenbouillon
100 g tofu, in blokjes gesneden
zout en versgemalen peper

Doe de vis in een kom. Meng de wijn of sherry, gember, sojasaus en zout en giet over de vis. Laat 30 minuten marineren. Verhit de olie en bak de ui 2 minuten. Voeg de champignons toe en bak verder tot de uien zacht maar niet bruin zijn. Voeg de vis en de marinade toe, breng aan de kook, dek af en kook gedurende 5 minuten. Giet de bouillon erbij, breng opnieuw aan de kook, dek af en laat 15 minuten koken. Voeg de tofu toe en breng op smaak met peper en zout. Kook tot de tofu gaar is.

tomatensoep

Serveert 4

400 g tomaten uit blik, uitgelekt en in stukjes gesneden

1,2 L/2 punten/5 kopjes kippenbouillon

1 schijfje gemberwortel, gehakt

15 ml/1 eetlepel sojasaus

15 ml/1 el chilisaus

10 ml/2 theelepels suiker

Doe alle ingrediënten in een pan en breng aan de kook, af en toe roeren. Kook ongeveer 10 minuten voordat u het serveert.

Tomaten- en Spinaziesoep

Serveert 4

1,2 L/2 punten/5 kopjes kippenbouillon

225 g gepelde tomaten uit blik

225 g tofu, in blokjes gesneden

225 g spinazie

30 ml/2 eetlepels sojasaus

zout en versgemalen peper

2,5 ml/½ theelepel suiker

2,5 ml / ½ theelepel rijstwijn of droge sherry

Breng de bouillon aan de kook, voeg dan de tomaten, tofu en spinazie toe en kook 2 minuten. Voeg de overige ingrediënten toe en laat 2 minuten koken, meng goed en serveer.

Raapsoep

Serveert 4

1 L kippenbouillon

1 grote raap, in dunne plakjes gesneden

200 g mager varkensvlees, in dunne plakjes gesneden

15 ml/1 eetlepel sojasaus

60 ml/4 eetlepels cognac

zout en versgemalen peper

4 sjalotjes, fijngehakt

Breng de bouillon aan de kook, voeg de raap en het varkensvlees toe, dek af en laat 20 minuten koken tot de raap zacht is en het vlees gaar is. Meng sojasaus en cognac naar smaak. Kook tot het warm is en serveer bestrooid met sjalotjes.

Soep

Serveert 4

6 gedroogde Chinese paddenstoelen
1 l / 1¾ pt / 4¼ kopjes groentebouillon
50 g bamboescheuten in reepjes gesneden
50 g waterkastanjes, in plakjes gesneden
8 peultjes (erwten), in plakjes gesneden
5 ml/1 theelepel sojasaus

Week de champignons 30 minuten in warm water en laat ze uitlekken. Verwijder de stelen en snijd de hoedjes in reepjes. Voeg ze toe aan de bouillon met de bamboescheuten en waterkastanjes en breng aan de kook, dek af en kook gedurende 10 minuten. Voeg de peultjes en de sojasaus toe, dek af en kook gedurende 2 minuten. Laat 2 minuten rusten alvorens te serveren.

Vegetarische soep

Serveert 4

¼ *kool*

2 wortels

3 stengels bleekselderij

2 lente-uitjes (lente-ui)

30 ml/2 eetlepels arachideolie (pinda's).

1,5 L / 2½ punten / 6 kopjes water

15 ml/1 eetlepel sojasaus

15 ml/1 eetlepel rijstwijn of droge sherry

5 ml/1 theelepel zout

versgemalen peper

Snijd de groenten in reepjes. Verhit de olie en bak de groenten 2 minuten tot ze zacht beginnen te worden. Voeg de overige ingrediënten toe, breng aan de kook, dek af en kook gedurende 15 minuten.

waterkers soep

Serveert 4

1 L kippenbouillon
1 ui, fijngehakt
1 stengel bleekselderij, fijngehakt
225 g waterkers, grof gehakt
zout en versgemalen peper

Breng de bouillon, ui en bleekselderij aan de kook, dek af en laat 15 minuten koken. Voeg de waterkers toe, dek af en kook gedurende 5 minuten. Breng op smaak met zout en peper.

Gebakken Vis Met Groenten

Serveert 4

4 gedroogde Chinese champignons
4 hele vissen, schoon en zonder schubben
frituur olie
30 ml / 2 eetlepels maïsmeel (maïszetmeel)
45 ml/3 eetlepels arachideolie (pinda's).
100 g bamboescheuten in reepjes gesneden
50 g waterkastanjes in reepjes gesneden
50 g paksoi, gehakt
2 plakjes gemberwortel, gehakt
30 ml/2 eetlepels rijstwijn of droge sherry
30 ml/2 eetlepels water
15 ml/1 eetlepel sojasaus
5 ml/1 theelepel suiker
120 ml / 4 fl oz / ¬Ω kopje visbouillon
zout en versgemalen peper
¬Ω krop sla, geraspt
15 ml / 1 eetlepel gehakte platte peterselie

Week de champignons 30 minuten in warm water en laat ze uitlekken. Verwijder de stelen en hak de hoedjes fijn. Strooi de helft over de vis

maïsmeel en schud het overtollige eraf. Verhit de olie en bak de vis in ongeveer 12 minuten gaar. Laat uitlekken op keukenpapier en houd warm.

Verhit de olie en bak de champignons, bamboescheuten, waterkastanjes en kool gedurende 3 minuten. Voeg de gember, wijn of sherry, 15 ml/1 eetlepel water, sojasaus en suiker toe en bak 1 minuut. Giet de bouillon, zout en peper erbij, breng aan de kook, dek af met een deksel en laat 3 minuten sudderen. Meng het maïzena met het resterende water, giet het in de pan en laat onder voortdurend roeren koken tot de saus dikker wordt.
Verdeel de sla over een serveerschaal en leg de vis erop. Giet de groenten en de saus erover en serveer gegarneerd met peterselie.

Gebakken hele vis

Serveert 4

1 grote zeebaars of soortgelijke vis
45 ml / 3 eetlepels maïsmeel (maïszetmeel)
45 ml/3 eetlepels arachideolie (pinda's).
1 ui, gehakt
2 teentjes knoflook, geperst
50 g ham in reepjes gesneden
100 g gepelde garnalen
15 ml/1 eetlepel sojasaus
15 ml/1 eetlepel rijstwijn of droge sherry
5 ml/1 theelepel suiker
5 ml/1 theelepel zout

Bestrijk de vis met maizena. Verhit de olie en bak de ui en knoflook goudbruin. Voeg de vis toe en bak aan beide kanten goudbruin. Leg de vis in folie in een ovenschaal en garneer met ham en garnalen. Voeg de sojasaus, wijn of sherry, suiker en zout toe aan de pan en meng goed. Giet over de vis, dek af met huishoudfolie en bak in een voorverwarmde oven op 150 ∞C / 300 ∞F/gas op snelheid 2 gedurende 20 minuten.

Gestoomde sojavis

Serveert 4

1 grote zeebaars of soortgelijke vis
zout
50 g / 2 oz / ¬Ω kopje gewone bloem (universeel).
60 ml/4 eetlepels arachideolie (pinda's).
3 plakjes gemberwortel, gehakt
3 lente-uitjes (lente-uitjes), gehakt
250 ml / 8 fl oz / 1 kopje water
45 ml/3 eetlepels sojasaus
15 ml/1 eetlepel rijstwijn of droge sherry
2,5 ml/¬Ω theelepel suiker

Maak de vis schoon, pel en snij hem aan beide kanten diagonaal door. Bestrooi met zout en laat 10 minuten rusten. Verhit de olie en bak de vis aan beide kanten goudbruin, draai hem één keer om en bedruip hem tijdens het koken met olie. Voeg de gember, lente-ui, water, sojasaus, wijn of sherry en suiker toe, breng aan de kook, dek af en kook gedurende 20 minuten tot de vis gaar is. Serveer warm of koud.

Sojavis met oestersaus

Serveert 4

1 grote zeebaars of soortgelijke vis

zout

60 ml/4 eetlepels arachideolie (pinda's).

3 lente-uitjes (lente-uitjes), gehakt

2 plakjes gemberwortel, gehakt

1 teentje knoflook, geperst

45 ml/3 eetlepels oestersaus

30 ml/2 eetlepels sojasaus

5 ml/1 theelepel suiker

250 ml / 8 fl oz / 1 kopje visbouillon

Maak de vis schoon, verwijder het vel en snij hem meerdere keren diagonaal aan elke kant in. Bestrooi met zout en laat 10 minuten rusten. Verhit het grootste deel van de olie en bak de vis aan beide kanten goudbruin en keer hem één keer om. Verhit ondertussen de resterende olie in een aparte pan en bak de lente-ui, gember en knoflook goudbruin. Voeg de oestersaus, sojasaus en suiker toe en roerbak 1 minuut. Voeg de bouillon toe en breng aan de kook. Giet het mengsel bij de gebakken vis, breng het opnieuw aan de kook, dek af en laat ca

15 minuten tot de vis gaar is; draai hem tijdens het koken een of twee keer om.

Gestoofde zeebaars

Serveert 4

1 grote zeebaars of soortgelijke vis
2,25 l/4 stuks/10 kopjes water
3 plakjes gemberwortel, gehakt
15 ml/1 eetlepel zout
15 ml/1 eetlepel rijstwijn of droge sherry
30 ml/2 eetlepels arachideolie (pinda's).

Maak de vis schoon, pel en snijd meerdere keren diagonaal aan beide kanten in. Breng water aan de kook in een grote pan en voeg de overige ingrediënten toe. Dompel de vis onder in het water, dek hem goed af, zet het vuur uit en laat 30 minuten rusten tot de vis gaar is.

Gestoofde vis met champignons

Serveert 4

4 gedroogde Chinese champignons
1 grote karper of soortgelijke vis
zout
45 ml/3 eetlepels arachideolie (pinda's).
2 lente-uitjes (gesnipperde ui).
1 schijfje gemberwortel, gehakt
3 teentjes knoflook, geperst
100 g bamboescheuten in reepjes gesneden
250 ml / 8 fl oz / 1 kopje visbouillon
30 ml/2 eetlepels sojasaus
15 ml/1 eetlepel rijstwijn of droge sherry
2,5 ml/¬Ω theelepel suiker

Week de champignons 30 minuten in warm water en laat ze uitlekken. Verwijder de stelen en hak de hoedjes fijn. Snij de vis aan beide kanten een paar keer diagonaal door, bestrooi met zout en laat 10 minuten rusten. Verhit de olie en bak de vis aan beide kanten goudbruin. Voeg de lente-ui, gember en knoflook toe en bak 2 minuten. Voeg de overige ingrediënten toe, breng aan de kook en dek af en kook gedurende 15 minuten tot de vis gaar is, draai hem een of twee keer om en roer af en toe.

Zoete en zure vis

Serveert 4

1 grote zeebaars of soortgelijke vis

1 losgeklopt ei

50 g maïsmeel (maïszetmeel)

Bak de olie

Voor de saus:

15 ml/1 eetlepel arachideolie (pinda's).

1 groene paprika, in reepjes gesneden

100 g ananas uit blik op siroop

1 ui, in partjes gesneden

100 g bruine suiker

60 ml/4 eetlepels kippenbouillon

60 ml/4 eetlepels wijnazijn

15 ml / 1 eetlepel tomatenpuree √ © e (pasta)

15 ml / 1 eetlepel maïsmeel (maïszetmeel)

15 ml/1 eetlepel sojasaus

3 lente-uitjes (lente-uitjes), gehakt

Maak de vis schoon en verwijder indien nodig de vinnen en kop. Giet het losgeklopte ei erbij en vervolgens het maizena. Verhit de olie en bak de vis tot hij gaar is. Goed laten uitlekken en warm houden.

Verhit de olie voor de saus en bak de paprika, de uitgelekte ananas en de uien 4 minuten. Voeg 30 ml/2 eetlepels ananassiroop, suiker, bouillon, wijnazijn, tomatenpuree, maïzena en sojasaus toe en breng onder voortdurend roeren aan de kook. Kook, onder voortdurend roeren, tot de saus transparant wordt en dikker wordt. Giet over de vis en serveer bestrooid met lente-uitjes.

Vis gevuld met varkensvlees

Serveert 4

1 grote karper of soortgelijke vis

zout

100 g varkensgehakt (gehakt).

1 lente-ui (lente-ui), gehakt

4 plakjes gemberwortel, gehakt

15 ml / 1 eetlepel maïsmeel (maïszetmeel)

60 ml/4 eetlepels sojasaus

15 ml/1 eetlepel rijstwijn of droge sherry

5 ml/1 theelepel suiker

75 ml/5 eetlepels arachideolie (pinda's).

2 teentjes knoflook, geperst

1 ui, gehakt

300 ml / ¬Ω pt / 1¬° kopjes water

Maak de vis schoon, pel hem en bestrooi hem met zout. Meng het varkensvlees, de lente-ui, een beetje gember, maïzena, 15 ml sojasaus, wijn of sherry en suiker en vul hiermee de vis. Verhit de olie en bak de vis aan beide kanten goudbruin, haal hem uit de pan en laat het grootste deel van de olie uitlekken. Voeg de resterende knoflook en gember toe en bak tot ze goudbruin zijn.

Voeg de resterende sojasaus en het water toe, breng aan de kook en kook gedurende 2 minuten. Doe de vis terug in de pan, dek af en kook ongeveer 30 minuten tot de vis gaar is, draai hem een of twee keer om.

Gestoomde gekruide karper

Serveert 4

1 grote karper of soortgelijke vis

150 ml / ¬° pt / royale kop ¬Ω pindaolie (pinda's).

15 ml/1 eetlepel suiker

2 teentjes knoflook, fijngehakt

100 g bamboescheuten, in plakjes gesneden

150 ml / ¬° pt / goed ¬Ω kopje visbouillon

15 ml/1 eetlepel rijstwijn of droge sherry

15 ml/1 eetlepel sojasaus

2 lente-uitjes (gesnipperde ui).

1 schijfje gemberwortel, gehakt

15 ml/1 eetlepel gezouten wijnazijn

Maak de vis schoon, pel hem en dompel hem enkele uren in koud water. Giet af en droog, en kerf vervolgens elke kant meerdere keren in. Verhit de olie en bak de vis aan beide kanten goudbruin. Haal uit de pan, giet af en bewaar alles behalve 30 ml/2 eetlepels olie. Voeg de suiker toe aan de pan en roer tot deze donker wordt. Voeg de knoflook en bamboescheuten toe en meng goed. Voeg de resterende ingrediënten toe, breng aan de kook, doe de vis terug in de pan, dek af en kook ongeveer 15 minuten tot de vis volledig gaar is.

Leg de vis op een warme serveerschaal en giet de saus erover.